LA CAISSE

Des mêmes auteurs

L'Oligarchie des incapables
Albin Michel, 2012, et J'ai Lu, 2013

La Caste cannibale
Quand le capitalisme devient fou
Albin Michel, 2014, et J'ai Lu, 2015

Ces chers cousins
Les Wendel, pouvoirs et secrets
Plon, 2015

Ça tiendra bien jusqu'en 2017
Enquête sur la façon dont nous ne sommes pas gouvernés
Albin Michel, 2016

SOPHIE COIGNARD ET ROMAIN GUBERT

LA CAISSE

Enquête sur le coffre-fort des Français

Rien sur la SCET !

Egis CNP
SNI Qualium
icade BPi
TRANSDEV
CDC Infra
SCET

ÉDITIONS DU SEUIL
25, bd Romain-Rolland, Paris XIVe

ISBN 978-2-02-124423-6

www.seuil.com

INTRODUCTION

« Vieille, riche et conne » ?

« J'en ai assez d'entendre dire dans tout Paris que la Caisse est vieille, riche et conne », avait coutume de s'indigner un inspecteur des finances, directeur de la stratégie de la Caisse des dépôts. Et si cette apparence était un subtil camouflage fait de ratios financiers assommants et de références permanentes à l'intérêt général ? Pour mieux protéger son pouvoir et sa fortune, la Caisse ne doit éveiller ni la curiosité ni les convoitises.

Vieille, elle l'est assurément. Vénérable maison deux fois centenaire, elle est également unique en son genre et sans équivalent dans le reste du monde. Créée après la chute de Napoléon Ier pour éviter que l'exécutif ne vide les caisses de l'État, elle est placée sous la protection et le contrôle du Parlement, afin que le gouvernement ne puisse pas piller ses ressources au gré de ses fantaisies et de ses besoins. La Caisse, en effet, veille sur l'épargne des Français, dont elle est aussi le premier assureur à travers la Caisse nationale de prévoyance (CNP). Elle gère également une cinquantaine de régimes de retraite, finance le développement des collectivités locales et investit dans le logement social. Omniprésente dans l'économie, elle vient en aide aux groupes du CAC 40 comme aux PME à travers Bpifrance, la banque publique d'investissement.

Riche ? Sans aucun doute ! La Caisse des dépôts et consignations (CDC) bénéficie du monopole sur la collecte du livret A et de quelques autres produits financiers grand public tels que le livret de développement durable : 60 % des fonds déposés lui sont directement versés. Elle se trouve aussi en situation d'exclusivité pour tous les dépôts réglementés, tels que ceux des notaires ou des administrateurs judiciaires, qu'elle rémunère à des taux encore plus bas que ceux du livret A, ce qui n'est pas peu dire. En tout, son trésor s'élève à 250 milliards d'euros d'actifs, auxquels s'ajoutent les 250 milliards d'épargne des Français.

Conne ? C'est beaucoup plus contestable. Certes, les profiteurs sont nombreux. Et la Caisse pas trop farouche à leur égard. Mais, en même temps, elle concentre en son sein les plus beaux esprits de la République. Ce n'est pas là la moindre de ses contradictions.

Du sommet du pouvoir politique aux grands corps de l'État, en passant par les syndicats et les patrons du CAC 40, tout le monde veut sa part du butin. Les présidents de la République lui demandent de petits coups de main, pour dépanner des amis, ou de grands services, pour financer leurs mirobolantes ambitions. Les Premiers ministres, de Jospin à Ayrault en passant par Raffarin, Villepin et Fillon, n'hésitent pas à lui faire recueillir des collaborateurs qui pourraient connaître une mauvaise passe en cas d'alternance. Les ambitieux y voient un magnifique ascenseur pour leur carrière, et parfois un moyen de s'enrichir. Les cyniques, un placard de luxe pour faire semblant de travailler. Les syndicats exigent de participer au festin. Les groupes du CAC 40 l'appellent au secours. Les prestataires en tout genre, avocats, banquiers d'affaires, experts autoproclamés, lui proposent leurs services à prix d'or. Pour cette raison, les initiés prétendent parfois que CDC est le sigle de la « Caisse des copains », une institution qui consent, bonne fille, à embaucher puis à promouvoir des fils de ministres.

Et tout ça avec l'épargne des Français ! Les quelques dizaines d'euros que certains d'entre eux parviennent à mettre de côté, mois après mois, en se privant parfois, finissent par faire de grandes rivières où les intrigants sont nombreux à vouloir s'abreuver.

Parce qu'elle est riche à milliards, la Caisse peut tout : financer, développer, innover, recaser, loger, réhabiliter, enrichir, et bien d'autres choses encore. Parce que l'État n'a plus un sou vaillant, parce que le pouvoir politique subit de plein fouet la toute-puissance de l'économie, elle se trouve plus que jamais au carrefour des jeux d'influence et d'argent. Elle est devenue, au fil des ans, le coffre-fort de la République.

Derrière la façade transparente et ultramoderne de son siège social, rue de Lille, à deux pas du musée d'Orsay, derrière une communication très au point, où il est question de promotion des femmes, d'aide aux PME ou de développement durable, la Caisse cultive l'omertà. Prompte à afficher ses résultats sur le financement de logements sociaux, le développement des territoires, l'action de Bpifrance, dont elle est actionnaire à 50 % avec l'État, elle préfère la loi du silence dès qu'il s'agit d'aborder des sujets moins flatteurs, tels que les appartements de luxe qu'elle possède, les avocats qu'elle rémunère grassement, les banques auprès desquelles elle prend conseil ou les petits arrangements entre hauts fonctionnaires.

Il est vrai que, pour résister aux multiples pressions, doléances et autres chantages qui s'abattent sur lui, son directeur général doit faire preuve de sang-froid, voire de courage. Il est certes irrévocable pendant les cinq années que dure son mandat, mais il pense aussi à son avenir…

Sur le papier, les élus de la nation peuvent à tout moment lui demander des comptes. La Caisse « est placée, de la manière la plus spéciale, sous la surveillance et la garantie de l'autorité législative », stipule l'article L. 518-2 du Code monétaire et financier. Des députés et des sénateurs siègent dans une commission de surveillance, en compagnie de représentants du Conseil d'État, de la Cour des comptes, de la Banque de France et du Trésor, ainsi que de personnalités qualifiées. Dans la réalité, cette instance, chargée de veiller sur les orientations stratégiques de l'institution, n'a que très rarement pu s'opposer à une décision ou mettre fin à une dérive. Non que ses membres soient tous frappés de léthargie, mais la direction de la Caisse s'arrange pour leur faire voir et entendre ce qu'elle veut bien, et rien d'autre.

C'est ainsi qu'ils gèrent le coffre-fort des Français. En toute impunité…

Chapitre i

C'est votre argent !

Ce 14 octobre 2015, en fin d'après-midi, le directeur général Pierre-René Lemas et plusieurs de ses collaborateurs doivent évoquer quelques dossiers devant la commission de surveillance, cette instance qui joue un peu le rôle du conseil d'administration de la Caisse. La réunion est plus solennelle que les autres, car, ce jour-là, c'est la présentation des comptes semestriels, ceux des fonds d'épargne (principalement le livret A) et ceux de la « section générale », qui appartiennent en propre à la Caisse, ainsi que les dépôts des notaires, administrateurs judiciaires et autres. Autour de la table, il y a un haut fonctionnaire de Bercy, ainsi qu'un magistrat de la Cour des comptes. Au titre des personnalités qualifiées, Jean-Louis Beffa, l'ancien président de Saint-Gobain, est là lui aussi. Et plusieurs députés et sénateurs. À commencer par le président de la commission, Henri Emmanuelli, ancien ministre du Budget, ex-président de l'Assemblée nationale et élu socialiste depuis quatre décennies.

Ce jour-là, Pierre-René Lemas est heureux : la section générale a dégagé un profit de 450 millions d'euros au premier semestre, soit un peu plus que l'année précédente. Plus tard, lorsqu'il présente les résultats des fonds d'épargne, il affiche le même sourire : décidément, la crise financière est presque oubliée. Après avoir savouré ces bonnes nouvelles, Henri Emmanuelli donne la parole à François Bachy. François Bachy ? Les téléspectateurs l'ont souvent aperçu sur le plateau du JT de TF1. C'est ce journaliste qui a longtemps chroniqué la vie politique sur la chaîne la plus regardée de France. En 2012, dans la foulée de l'élection présidentielle, il a changé de métier. Ce grand ami de Valérie Trierweiler est devenu le directeur de la communication de la Caisse. Il n'était plus vraiment en odeur de sainteté dans les couloirs de TF1 et François Hollande s'est chargé de l'aider à rebondir : il a demandé à Jean-Pierre Jouyet d'embaucher ce biographe bien intentionné qui a écrit deux livres[1] à sa gloire, avant même qu'il ne songe sérieusement à se présenter à la présidentielle.

Une fête

François Bachy évoque le grand projet qui l'occupe depuis des mois : l'organisation du bicentenaire de la Caisse. Pour fêter cet anniversaire très spécial, il a fait les choses en très grand et détaille le programme des festivités. Il a pris une option pour la location du Grand Palais pendant toute une journée afin d'inviter 6 800 salariés du groupe. Des TGV seront spécialement affrétés pour acheminer les provinciaux. L'idée est de profiter de l'événement pour « renforcer le sentiment

1. *François Hollande. Un destin tranquille*, Plon, 2001 ; *L'Énigme François Hollande*, Plon, 2005.

d'appartenance à l'institution ». Bachy poursuit. Il fera rédiger deux numéros du *CDScope*, le journal interne, par les collaborateurs eux-mêmes. Il a organisé un rallye sportif baptisé « Sportez-vous bien », qui se déroulera tout au long de l'année. Lors de la Fête de la musique, le 21 juin, plusieurs groupes de musique animés par des employés se produiront autour de la rue de Lille. Un arbre, l'arbre du bicentenaire, sera planté à l'hôtel de Pomereu, le somptueux siège historique de l'institution, aujourd'hui dévolu aux réceptions. Bachy annonce aussi qu'il éditera un livre réunissant les témoignages de salariés actuels et anciens de la Caisse.

Lors d'une seconde journée, courant 2016, la Caisse louera le musée du Louvre pendant tout un mardi (c'est le jour de fermeture au public). Le matin, il y aura un colloque historique pour évoquer deux cents ans d'histoire de la Caisse. L'après-midi, le président de la République et les parlementaires des deux chambres visiteront une exposition et surtout rencontreront les collaborateurs de la Caisse.

En parallèle, François Bachy annonce qu'il s'apprête à lancer l'opération « Un tweet par jour » qui racontera pendant douze mois une action concrète de la Caisse. Il y aura un « éclairage événementiel » du siège de la rue de Lille d'avril à juillet, ainsi que le lancement d'un timbre diffusé par La Poste…

Le directeur de la communication n'en a pas fini, mais une grosse voix rocailleuse avec un fort accent du Sud-Ouest lui demande de s'interrompre. C'est celle d'Henri Emmanuelli. Jusque-là, le député des Landes n'a rien dit. Mais il est ivre de rage. Il fusille l'orateur du regard. « Ces manifestations n'ont aucun intérêt pour les Français. Elles n'expliquent pas aux Français ce qu'est la Caisse et quelles sont ses missions. »

Pour se défendre, François Bachy explique qu'il est en train de finaliser un partenariat avec l'émission *On n'arrête pas l'éco* sur France Inter, diffusée le samedi matin à 9 heures, ainsi qu'avec le quotidien *La Croix* qui devrait publier un cahier spécial de quatre pages sur la Caisse. C'en est trop pour Henri Emmanuelli, qui n'aime pas qu'on le prenne pour un imbécile. Il demande donc le coût de ces festivités.

Pierre-René Lemas comprend qu'il faut sauver l'ami de Valérie Trierweiler et annonce que le budget du bicentenaire représentera 7 millions d'euros. C'est le coup de grâce. Jean Picq, le représentant de la Cour des comptes, explique en quelques mots choisis qu'il faut, selon lui, complètement revoir ce programme qui ne s'adresse pas aux Français, mais seulement aux salariés de la Caisse. Henri Emmanuelli est moins aimable : « Le manque de logements sociaux intéresse sans doute davantage les Français que ces célébrations. » Ils ne sont pas les seuls à s'indigner. Marc Goua, un député PS, s'emporte : l'opinion ne peut pas comprendre qu'on dépense tant d'argent pour une fête. « Cela fera la une des journaux, prévient-il. La Caisse des dépôts sera accusée de dépenser des millions d'euros, alors que le chômage est au plus haut. » Arlette Grosskost, députée Les Républicains, est du même avis : « Les maires de communes rurales, dans l'impossibilité de boucler leur budget à hauteur de seulement 40 000 ou 50 000 euros, quand ils verront que la Caisse des dépôts dépense 7 millions d'euros pour un événement commémoratif, ne comprendront pas. »

La sanction tombe vite. Pour bien faire comprendre à

Pierre-René Lemas et à son directeur de la communication qu'ils doivent revoir leur copie de A à Z, les membres de la commission de surveillance votent – c'est rarissime – un « avis réservé » sur l'organisation du bicentenaire.

Le trésor des Français

La Caisse est richissime, certes. Mais de l'argent des autres. Pendant que l'État prélève des impôts, elle collecte, depuis deux siècles, l'épargne populaire déposée sur des livrets (le premier a été créé en 1818), ce qui n'est évidemment pas la même chose. Elle est la gardienne du fameux livret A, du livret bleu et depuis quelques années du livret de développement durable qui représentent environ 250 milliards d'encours. Des sommes considérables puisque cela équivaut à environ 7 % du patrimoine financier des Français.

Cette institution, qui fut longtemps le plus gros établissement financier au monde, dispose aussi de ses fonds propres (environ 25 milliards d'euros). Elle reçoit les consignations des notaires et des administrateurs judiciaires (environ 35 milliards d'euros de dépôts en permanence). Elle gère une cinquantaine de régimes de retraite, auxquels cotisent 8 millions d'actifs et qui bénéficient à 3 millions et demi de retraités. Elle détient également 40 % de la CNP, un poids lourd du secteur de l'assurance (31,6 milliards d'euros de chiffre d'affaires en 2015). Elle est enfin le pilote du Fonds de réserve des retraites (35 milliards d'euros en 2015).

La Caisse dispose donc de moyens énormes. Si elle était une entreprise privée, elle pourrait sans doute s'offrir une fête à plusieurs millions d'euros. Sauf qu'elle n'est ni une banque ni un fonds d'investissement. Pas même une entreprise publique. Son argent, c'est celui des Français. C'est leur épargne.

La légitimité de la Caisse repose sur la confiance, c'est son ADN. C'est justement pour cela qu'elle a été créée en 1816 et placée sous le contrôle du Parlement : pour rassurer les petits épargnants dont les économies étaient parties en fumée dans les guerres napoléoniennes. Organiser une fête à 7 millions d'euros pourrait ruiner sa réputation.

Ce jour-là, Henri Emmanuelli est d'autant plus furieux qu'il passe son temps, depuis qu'il est le président de la commission de surveillance, à expliquer à quoi sert la Caisse. Et cela fait des mois qu'il demande à Pierre-René Lemas de faire de même.

Sur le papier, les choses sont assez simples et le statut de la Caisse est très précis. Elle « remplit des missions d'intérêt général en appui des politiques publiques conduites par l'État et les collectivités locales » et peut « exercer des activités concurrentielles ». Dans le détail, la moitié du « trésor » est consacrée au financement de long terme et doit servir à l'intérêt général. En 1822, la Caisse a réalisé sa première opération, en finançant le port de Dunkerque, puis des canaux, des voies ferrées… Aujourd'hui, elle investit dans le logement social et, par des prêts préférentiels de très longue durée auprès des maires, des départements ou des régions, dans des programmes de rénovation urbaine, des infrastructures de transports en commun. Chaque année, elle accorde plus de 500 millions d'euros de prêts aux collectivités.

L'autre moitié, un peu plus d'une centaine de milliards,

est placée en obligations, en actions dans des entreprises ou dans des filiales spécialisées dans le transport, comme Transdev, le tourisme, avec la Compagnie des Alpes, la promotion immobilière, *via* la SNI qui gère 345 000 logements, dont 185 000 logements sociaux. Avec un objectif : que ces investissements soient rentables pour pouvoir faire des profits et reverser des intérêts aux détenteurs d'un livret A, mais aussi à l'État (en 2014, elle a versé 1,8 milliard d'euros à Bercy sous forme de « dividendes »).

Un empire

Grâce à l'épargne des Français, la Caisse est un véritable empire. Elle détient 50 % de la Banque publique d'investissement, Bpifrance, créée en 2013, destinée à aider les PME et à encourager l'innovation. Elle possède l'un des leaders européens de l'ingénierie (le groupe Egis). Ainsi que 26 % de La Poste.

Chaque année, la Caisse publie un rapport annuel qui recense ses participations. C'est un document de trente pages dans lequel on trouve de tout : le musée Grévin, le parc Astérix, une participation dans le groupe de BTP Eiffage, une autre dans Veolia. Au fil des pages, on découvre aussi les fast-foods Quick (ils ont été revendus à l'été 2016), des portions d'autoroutes, des aéroports (comme celui de Lyon), un groupe de tourisme, Belambra (l'ex-VVF), une participation dans LVMH, des milliers d'hectares de forêts, une partie de la Cité du cinéma de Luc Besson en Seine-Saint-Denis ou encore des centaines de centres commerciaux et des immeubles de bureaux à travers toute la France. La Caisse est aussi présente dans plus de 900 sociétés d'économie mixte et dans 244 sociétés immobilières.

Une tabatière

Il n'y a pas que des actions et des placements financiers, mais aussi quelques « vrais » trésors. En février 2014, Jean Picq, un des membres de la commission de surveillance, a fait une surprenante découverte. En effectuant une « descente » dans les caves de la rue de Lille (en tant que membre de la commission de surveillance, son statut l'y autorise), dans un lieu appelé « la resserre », ce magistrat à la Cour des comptes a découvert une tabatière en or fin de 140 grammes ayant vraisemblablement appartenu à un officier de Napoléon. La Caisse, expliquaient les documents accrochés à l'objet, devait assurer « une garde matérielle instituée à titre très provisoire et intérimaire ». Dans son rapport, Jean Picq a donc scrupuleusement signalé à ses collègues que le trésor de l'institution comprenait 1 400 sociétés et… une tabatière (dont la valeur actuelle ne dépasse pas 5 000 euros). Il a proposé que celle-ci puisse être officiellement entreposée dans une vitrine, dans le bureau du directeur général. Une façon, sans doute, de rappeler à tout moment à celui-ci qu'il est responsable du coffre-fort.

Pierre-René Lemas a compris le message. Quelques semaines après avoir été rappelé à l'ordre par la commission de surveillance, François Bachy est revenu présenter un nouveau programme pour célébrer le bicentenaire. Il a renoncé à louer le Louvre, diminué le budget de plusieurs millions d'euros et organisé un grand événement sur l'utilité du livret A. Les députés ont été rassurés. Quelques mois plus tard, il a changé de fonctions. Sa nouvelle mission ? Gérer le mécénat à la Caisse des dépôts. Une générosité que la Caisse commence par appliquer à ses propres troupes…

Chapitre 2

La bonne paye

Dans le jeu de société *La Bonne Paye*, qui connaît un grand succès populaire depuis sa création dans les années 1970, les participants sont invités à engranger le plus d'argent possible. Sur la boîte bariolée, un sous-titre interroge : « Mais qui paiera la facture ? »

À la Caisse des dépôts, il ne peut pas y avoir de mauvais perdants, car tout le monde gagne. Sur la ligne d'arrivée, pas de chômeurs, rien que des salariés dorlotés aux primes multiples et des dirigeants doués d'une grande créativité pour échapper au lot commun de la fonction publique.

Une prime de bicentenaire !

Tout le monde est bien payé ? Une affirmation contre laquelle s'inscrit en faux Paul Pény, le directeur des ressources humaines de la maison. Selon lui, la Caisse applique une politique de « modération salariale ».

C'est un drôle de poste que celui de DRH de la Caisse : on y gère à la fois des personnels sous statut spécial, ceux qui sont employés par la maison mère, et des salariés sous contrat de droit privé, ceux qui travaillent pour les filiales du groupe, lequel compte en tout 120 000 personnes, dont la moitié sont installées à l'étranger.

Ce que l'on peut assurer sans risque de se tromper, c'est que l'institution est plutôt généreuse. Au sein du navire amiral, le salaire moyen annuel dépasse 50 000 euros, soit plus de 4 500 euros mensuels, sans compter l'intéressement, qui s'élève, toujours en moyenne, à 3 500 euros par an. Presque 5 000 euros par mois, contre 2 250 euros pour la population active française. Une différence de plus de 100 % ! La Caisse, c'est le moins qu'on puisse dire, n'est pas tout à fait le reflet de la société dans toute sa diversité.

D'autant qu'il y a les primes. Ah ! les primes ! Un maquis impénétrable pour celui qui n'a pas démarré dès ses plus jeunes années dans la fonction publique. Les personnels de droit public de la Caisse bénéficient à compter de janvier 2017 du RIFSEEP. Pour les non-initiés, il s'agit du Régime indemnitaire tenant compte des fonctions, des sujétions, de l'expertise et de l'engagement professionnel dans la fonction publique. Que d'abnégation dans cet intitulé ! D'autant que cette formule, instaurée en 2014[1], est censée simplifier le « paysage indemnitaire », comme le dit joliment sa présentation sur le portail internet de la fonction publique.

Ce RIFSEEP est un genre de pot-pourri administratif. Il agrège les primes de premier niveau, égales à 8,33 % du traitement indiciaire de base, et celles de deuxième niveau, qui s'élèvent à 18 % de la rémunération. Mais ce n'est pas fini. Il y a aussi l'allocation complémentaire

1. Décret n° 2014-513 du 20 mai 2014 portant création d'un régime indemnitaire tenant compte des fonctions, des sujétions, de l'expertise et de l'engagement professionnel (RIFSEEP).

de fonctions (ACF), distribuée à tous, et assortie d'une prime de cherté pour les agents travaillant en Île-de-France. Ainsi, un administrateur général (fonctionnaire de catégorie A) touche un traitement de base annuel d'un peu plus de 70 000 euros. Ses primes de premier niveau et de deuxième niveau s'élèvent à près de 20 000 euros par an. S'y ajoute son « barème ACF » (25 000 euros) et son indemnité de cherté (un peu plus de 1 700 euros). Plus une indemnité mensuelle technique (IMT), alignée sur celle versée par le ministère des Finances, d'un peu plus de 700 euros par an. Et éventuellement des indemnités de résidence, ainsi qu'un supplément familial de traitement. Soit au total plus de 45 000 euros de primes. Une bonification du traitement de base de plus de 60 % ! Paul Pény a vraiment raison de parler de « modération salariale ».

Mais il est vrai qu'il a su se montrer intraitable en 2016. À l'occasion du 200e anniversaire de la Caisse, l'ensemble des syndicats a trouvé qu'il fallait marquer le coup. Et a réclamé pendant des mois une « prime du bicentenaire », qui leur a finalement été refusée. Toutefois, s'ils ont cru jusqu'au bout pouvoir l'obtenir, c'est bien parce qu'elle ne leur paraissait pas hors d'atteinte…

À la Caisse, ce n'est pas étonnant, tout le monde veut continuer à jouer à *La Bonne Paye*. Lorsque le Crédit local de France, devenu Dexia, a été privatisé, les personnels qui y travaillaient ont donc demandé une clause de droit au retour à la Caisse des dépôts. Celle-ci leur a été accordée pour une durée de quinze ans. Ah ! les bons joueurs ! Quand Dexia a fait faillite, ils ont été nombreux à revenir dans le giron de la Caisse. *Home sweet home*…

Énarques sur étagère

Comme dans toutes les bonnes maisons, il existe des placards. Ordinaires, pour le tout-venant. Et dorés, pour les « énarques sur étagère ». Énarques sur étagère ? Quelle drôle d'expression ! Elle désigne, dans le langage codé de la Caisse, ces hauts fonctionnaires que l'institution ne sait pas comment employer, et qui sont donc payés à ne rien faire. Ils sont sans affectation, comme certains ambassadeurs ou certains préfets rémunérés pour rester chez eux parce que aucun poste correspondant à leur niveau ne s'est libéré, ou encore parce que leurs inclinations politiques sont incompatibles avec la majorité du moment. À la Caisse, pendant des années, ils ont été jusqu'à plus d'une cinquantaine dans ce cas.

L'un d'entre eux raconte le chemin qui mène à l'étagère : « En sortant de l'ENA, je suis entré à la Caisse, comme environ trois personnes par promotion, plutôt en milieu de classement, après les grands corps, la préfectorale et le Quai d'Orsay. J'y croyais, au début. Je pensais être dans une institution flexible, tournée vers l'intérêt général, destinée à accompagner les mutations économiques et sociales. Jusqu'au jour où j'ai écrit un mémo dans lequel j'émettais une critique sur un point précis de la stratégie. » La scène se passe il y a près de trente ans. Mais cet énarque ne l'a pas oubliée : « Mon chef de service me convoque et me dit : "Tu as raison, mais tu vas perdre beaucoup en faisant cela. Tu ne seras jamais sous-directeur." Sous-directeur, voilà l'objectif ultime qui exige que l'on courbe l'échine, que l'on ne touche surtout à rien, que l'on perçoive en silence sa rémunération ! »

Cette ambiance à la Courteline n'est pas des plus stimulantes pour les jeunes énarques. Certains cherchent rapidement une issue, tel Jean-François Copé, entré à la Caisse après l'ENA en 1989 et qui trouve le moyen de bifurquer deux ans plus tard vers une de ses filiales, le Crédit local de France qui deviendra Dexia. D'autres se renferment dans leur coquille… Au siège de la Caisse, au 56 rue de Lille, certains mauvais esprits ont même baptisé « le couloir de la mort » une aile de la maison où quelques-uns de ces « énarques sur étagère » ont été logés, pas trop mal puisque leurs fenêtres donnent sur la rue du Bac.

Déranger l'institution est, pour un énarque, le plus sûr moyen de finir sur une étagère. « Quand Francis Mayer, énarque atypique[1], arrive, avec une autre culture, une volonté autoproclamée de secouer la vieille maison, je prends rendez-vous avec lui, raconte notre interlocuteur. Il s'en fout complètement et me lance un "Démerdez-vous…" qui veut tout dire. Je suis donc retourné dans mon placard. C'était en 2003. Je n'en suis toujours pas sorti. Je passe voir le DRH deux fois par an pour une visite de courtoisie. Entre-temps, je reçois ma fiche de paie, je profite des avantages du comité d'entreprise et j'ai tout le temps de lire le journal interne du groupe, que les plus espiègles – ils ne sont pas très nombreux ici – appellent la *Pravda.* » Et ce quinquagénaire qui rêvait sûrement d'une autre vie professionnelle d'ajouter, résigné : « Beaucoup de gens restent à la Caisse des dépôts parce que c'est un des territoires de l'État où l'on gagne bien sa vie, sans

1. Francis Mayer a été directeur général de la Caisse de 2002 à 2006.

compter les avantages en tout genre. » Paul Pény, le DRH de cette maison aux innombrables placards, n'aime pas parler de ce sujet. Il assure avoir remis presque tous les énarques sur étagère au travail depuis son arrivée dans le sillage de Pierre-René Lemas fin mai 2014. Presque tous ? On est prié de le croire sur parole.

Que les gros salaires lèvent le doigt !

Paul Pény n'en démord pas : la Caisse ne s'adonne pas à la folie des grandeurs. D'ailleurs, le directeur général, Pierre-René Lemas, gagne 345 000 euros par an. 345 000 euros, c'est moins que le plafond de 450 000 euros auxquels peuvent prétendre les dirigeants d'entreprises publiques depuis un décret gouvernemental de juillet 2012 qui limite leurs émoluments. Résultat : une dizaine de personnes sont mieux payées que le directeur général dans la maison. Paul Pény veut mettre fin à ces anomalies, parce que le modèle de la Caisse, au confluent des activités concurrentielles et des missions d'intérêt général, justifie, encore une fois, la « modération salariale ». Ainsi, le nouveau patron de Transdev[1], auquel le plafond des 450 000 euros ne s'applique pas puisqu'il est à la tête d'une société de droit privé, a été recruté, en 2016, à un tarif inférieur. De même, les spécialistes financiers qui pourraient

1. Transdev est l'un des premiers groupes mondiaux de transport collectif. Il compte 80 000 salariés, réalise 7 milliards d'euros de chiffre d'affaires, gère notamment 50 000 autocars et une vingtaine de réseaux de tramways...

prétendre à des salaires très élevés dans des banques privées sont priés de revoir leurs prétentions à la baisse, s'ils veulent avoir le privilège de travailler pour la Caisse.

Certains, pourtant, font de la résistance. Dominique Marcel, inspecteur des finances et ancien directeur de cabinet de Martine Aubry au ministère des Affaires sociales, est le P-DG de la Compagnie des Alpes, numéro un mondial des domaines skiables et numéro quatre européen des parcs de loisirs, dont la Caisse des dépôts possède 40 % du capital. Aussi, quand Pierre-René Lemas lui demande, en 2015, de bien vouloir baisser sa rémunération pour se conformer au plafonnement de 450 000 euros par an, une somme qui permet quand même de voir venir, celui-ci l'envoie paître : il est à la tête d'une société cotée en Bourse et son conseil d'administration est souverain pour décider combien il gagne. Soit, en 2015, 564 867 euros. La bonne paye !

Chez CNP Assurances, autre filiale de la Caisse, la remise au pas a été plus facile, à la faveur d'un changement de directeur général. Frédéric Lavenir, inspecteur des finances lui aussi et major de l'ENA, a touché en 2015 450 000 euros. Pas un centime de plus. Pas un de moins non plus. C'est un net progrès par rapport à son prédécesseur Gilles Benoist, qui tournait à près de 1 million d'euros par an. Une somme très importante pour une entreprise évoluant dans la sphère publique.

Quant à Icade, filiale immobilière dans laquelle la Caisse est majoritaire, elle a aussi dû attendre de changer de P-DG, début 2015, pour se mettre en harmonie avec le plafonnement de la rémunération annuelle des dirigeants. Serge Grzybowski, nommé en 2007, a alors quitté son poste, officiellement pour « divergences stratégiques » avec le nouveau directeur général Pierre-René Lemas, même si cette excuse n'a trompé personne. Parmi les sujets de friction : sa rémunération. Le P-DG s'est lesté, année après année, de plans de stock-options peu compatibles avec la « modération » demandée aux dirigeants des filiales de la CDC. Ainsi, le document de référence 2013 d'Icade valorise à plus de 1 million d'euros les options d'achat dont il a bénéficié. Serge Grzybowski s'est par ailleurs mis en règle avec le plafonnement de 450 000 euros par an au centime près... sur le papier. Ce qui ne l'a pas empêché de bénéficier cette année-là d'une rallonge de sa part variable, qui lui a permis d'empocher 584 000 euros au lieu des 450 000 budgétés.

C'est une autre filiale de la Caisse, CDC Entreprises, qui s'est illustrée à la fin des années 2000, s'attirant comme rarement les foudres de la Cour des comptes. Celle-ci reproche à son président d'alors, Jérôme Gallot (lui-même magistrat à la Cour des comptes en détachement, ce qui ne manque pas de piquant), d'avoir mis en place fin 2007 un « plan d'attributions gratuites d'actions » (PAGA). De quoi s'agit-il ? De distribuer aux salariés, mais surtout à une poignée de dirigeants, non pas des stock-options, mais carrément des actions de l'entreprise sans qu'ils aient à débourser un euro.

Autorisé par Augustin de Romanet quand il était directeur général de la Caisse, ce mécanisme a permis à 59 personnes sur les 114 salariés de la société de gagner plus – sans forcément travailler plus –, et surtout à ses deux principaux dirigeants d'empocher des centaines de milliers d'euros. Au total, les bénéficiaires de ce « bon plan » ont touché plus de 8 millions d'euros de dividendes (8,3 exactement). Puis ils ont reçu un second « cadeau » lors de la création de Bpifrance, la banque publique promise par François Hollande dans son programme de campagne. CDC Entreprises fait en effet partie des filiales que la Caisse a apportées à cette nouvelle institution, qu'elle contrôle à 50 %. C'est au moment du transfert que le pot aux roses a été découvert. Pour que Bpifrance demeure à 100 % publique, il a en effet fallu racheter les actions distribuées gratuitement à ses propriétaires. Ceux-ci ont alors empoché collectivement 7,2 millions d'euros. Soit au total un gain de 15 millions d'euros en sept ans. La Cour des comptes, qui soulève de la question début 2015 dans un rapport au vitriol[1], révèle que les sommes versées aux deux principaux dirigeants pour la seule année 2010 ont atteint un total de 1,4 million d'euros. Un montant extravagant pour une entreprise à capitaux entièrement publics, dédiée à l'intérêt général et dirigée par des fonctionnaires.

Avantages acquis chez Bpifrance

Loin de couper court à ces frasques, la Banque publique d'investissement en assume sans broncher certaines conséquences. Elle emploie en effet des personnels issus de différentes sociétés et filiales qui lui ont été apportées lors de sa création. Comment gérer, notamment, les équipes venues de CDC Entreprises, devenue Bpi Investissement ? Faut-il leur expliquer gentiment mais fermement qu'elles ont assez profité du PAGA durant les années précédentes, et que le festin est terminé ? Ce n'est pas la voie choisie

1. Rapport public annuel 2015, février 2015.

par la direction de Bpifrance. Celle-ci obtient certes que les anciens de CDC Entreprises renoncent à leurs « compléments de rémunération », afin de ne pas accorder à l'ensemble des autres salariés les mêmes avantages. Mais, en contrepartie, elle consent à réintégrer ces mêmes compléments dans le salaire de base des intéressés. « Des éléments de rémunération variables et aléatoires ont donc été transformés en éléments de rémunération fixe », déplorent les magistrats de la Cour des comptes dans un rapport publié en novembre 2016[1]. Conséquence : « La rémunération moyenne s'élevait à 112 438 euros au sein de Bpi Investissement », affirment les magistrats de la Cour des comptes. Plus de 112 000 euros de salaire moyen annuel, soit près de 10 000 euros par mois : c'est la vie de château à Bpi Investissement ! Dans l'autre branche de Bpifrance, Bpi Financement, elle, n'atteint en 2013 « que » 57 993 euros. Ce qui, par contraste, semblerait presque modeste.

Mais il serait injuste de tout mettre sur le compte de l'héritage. Bpifrance a su engendrer sa propre privilégiature. Pour la seule année 2015, les véhicules de fonction ont coûté la bagatelle de 6,6 millions d'euros. Il est vrai que 604 salariés bénéficient d'une voiture payée par l'entreprise sur un effectif total d'un peu plus de 2 000 personnes. Soit près d'un sur trois. Et l'attribution de ces avantages en nature se fait sans chichis : à Bpi Investissement, ex-CDC Entreprises, la décision relève du seul supérieur hiérarchique.

1. « Bpifrance – Une mise en place réussie, un développement à stabiliser, des perspectives financières à consolider », Cour des comptes, rapport thématique, novembre 2016.

Pour ne rien arranger, le comportement des directeurs exécutifs rappelle celui d'une certaine Agnès Saal, l'ancienne patronne de l'INA (Institut national de l'audiovisuel) limogée pour ses notes de taxi pharaoniques. Neuf d'entre eux – sur dix ! –, qui disposent bien entendu d'une voiture de fonction, ont parallèlement utilisé des taxis pour la modique somme de 64 000 euros en 2015 [1], soit plus de 530 euros par mois et par personne en moyenne ! La mobilité, à la Banque publique d'investissement, n'est pas un vain mot...

Bpifrance ne peut pas non plus mettre sur le compte de l'héritage l'augmentation stratosphérique des salaires depuis sa création, le 1er janvier 2013. Les sept cadres dirigeants les plus haut placés dans l'organigramme de l'institution, chargée, rappelons-le, d'accompagner les entreprises françaises qui connaissent des difficultés de financement, ont été augmentés, en moyenne, de 40 % en trois ans, soit des hausses annuelles de 12 %, alors que le point d'indice de la fonction publique était gelé durant cette période. 40 % ! C'est ce que la Cour des comptes appelle pudiquement l'« évolution dynamique des rémunérations de certains cadres dirigeants ». Très dynamique, en effet...

Les vingt-huit plus hauts responsables du pôle investissement ont été augmentés de 23 % pour la seule année 2015 (après une hausse de 15 % en 2014). Leurs salaires sont passés en moyenne de 201 000 euros en 2012 à 245 000 euros en 2015.

1. Nicolas Dufourcq, contacté par les auteurs, trouve incroyable que la Cour des comptes s'intéresse aux notes de taxi de ses collaborateurs.

Dans l'autre entité de la BPI, dédiée au financement, les revenus des quarante-deux cadres supérieurs ont fait un bond de 107 000 à 149 000 euros en quatre ans. « Les augmentations des rémunérations de certains cadres dirigeants paraissent tout particulièrement contestables dans leur principe », sermonne la Cour des comptes. En effet !

Des pactoles dans les forêts

Où que l'on regarde, la vie semble douce aux personnels de la CDC. C'est bien simple : ils s'y sentent tellement bien qu'ils n'ont pas envie d'en partir ; l'ancienneté moyenne est d'environ vingt ans. Même dans les filiales qui perdent de l'argent, il faut savoir gâter les troupes. La société forestière de la Caisse des dépôts est le premier gestionnaire de forêts, en France, pour le compte d'institutionnels. Au 31 décembre 2014, elle gérait 270 000 hectares. Depuis quelques années, son compte d'exploitation n'est pas au beau fixe. En 2013, son chiffre d'affaires a même baissé de 11 %, tandis que ses pertes nettes dépassaient le million d'euros. Mais la masse salariale, elle, a continué de caracoler. C'est même l'année où la rémunération des cadres dirigeants a connu la plus forte hausse : plus 26 %. Le P-DG a gagné 313 000 euros, contre 255 000 en 2012. Entre 2006 et 2013, sa rémunération a plus que doublé (+110,3 %), selon un rapport de la Cour des comptes[1],

1. « La gestion de la société forestière de la Caisse des dépôts et consignations, exercices 2006 à 2013 », Cour des comptes, rapport particulier, septembre 2015.

qui préconise de « mettre les rémunérations des cadres dirigeants en cohérence avec la nature des responsabilités exercées et les performances de la société ». Ce serait, en effet, une bonne idée.

Les agents de la fonction publique bénéficient de la sécurité de l'emploi, mais reçoivent des rémunérations stagnantes depuis quelques années. Ceux qui travaillent pour la Caisse des dépôts, eux, sont doublement gagnants : ils ne craignent pas le chômage et sont plus augmentés que dans le privé. Bien payés, inamovibles, à l'abri du risque : qui dit mieux ?

Chapitre 3

L'auberge espagnole

Ce matin-là, à l'Élysée, l'ambiance est étrange. La presse a publié des extraits de *Un président ne devrait pas dire ça*, le livre de Gérard Davet et Fabrice Lhomme[1], et tout le monde est un peu consterné. Comment le président de la République a-t-il pu se livrer sans aucune précaution à deux journalistes d'investigation ? Pourquoi leur a-t-il raconté autant de secrets d'État ? Comment a-t-il pu se laisser aller à moquer certains de ses ministres ? Dans les étages, un homme semble indifférent au désarroi et à l'immense déception qui habitent les collaborateurs de François Hollande. Il fait déjà ses cartons. Dans quelques jours, Christophe Pierrel ne sera plus le chef de cabinet adjoint du président. Il quitte le navire. Nous sommes le 13 octobre 2016 et celui qui occupe ces éminentes fonctions depuis presque deux ans, après avoir servi plusieurs ministres au début du quinquennat, s'apprête à rejoindre les Hautes-Alpes.

Ce trentenaire, militant socialiste depuis l'université, a un projet personnel qu'il prépare depuis quelques mois : il veut mener une liste socialiste aux municipales de Gap en

1. Éditions Stock, 2016.

2020 et reprendre la ville à la droite. Mais le militantisme ne nourrit pas son homme. Même si François Hollande n'a pas réussi à inverser la courbe du chômage, comme il s'y était engagé pendant sa campagne de 2012, son ancien collaborateur, lui, n'a eu aucune difficulté à trouver un nouvel emploi. Pierre-René Lemas l'a embauché à la Caisse des dépôts et lui a proposé une occupation tout à fait distrayante pour se reposer après ses deux années harassantes : la gestion d'une station de sports d'hiver, à Chambéry, où la Caisse a des intérêts. Un job particulièrement bien situé géographiquement lorsqu'on veut séduire les électeurs des Hautes-Alpes : Gap est à moins de 200 kilomètres.

Refuge de luxe

Depuis 2012, François Hollande a fait de la Caisse des dépôts une sorte de refuge pour ses amis et ses anciens collaborateurs. Ses camarades de la promotion Voltaire de l'ENA ont été particulièrement bien servis. Jean-Pierre Jouyet et Pierre-René Lemas ont tour à tour dirigé l'institution. Bernard Cottin, un « voltairien » un peu désœuvré depuis quelques années (il est aussi le mari de Claudine Ripert, une des attachées de presse de l'Élysée), s'est lui aussi replié rue de Lille comme « chargé de mission auprès du directeur général ». Ce club des bons amis du président a ouvert ses portes en grand tout au long du quinquennat.

Avant d'entrer au gouvernement, Ségolène Royal a ainsi été nommée vice-présidente de la Bpifrance. Jean-Marc Janaillac, « voltairien » lui aussi, a été chargé de sauver

Transdev (une mission dans laquelle il a bien réussi et qui lui a valu en guise de remerciement la présidence d'Air France en 2016). Et André Martinez, avec qui le chef de l'État a fait HEC (mais qui n'est pas énarque) ? Il a lui aussi été admis dans ce cercle privilégié, pas exactement par la petite porte puisqu'il est devenu président du conseil d'administration d'Icade, la prospère filiale immobilière de la CDC.

François Hollande n'a pas vraiment innové dans ce domaine. Il s'est contenté de suivre les pas de ses prédécesseurs qui ont, pour la plupart, considéré la Caisse comme une bonne auberge pour leurs proches. Surtout en fin de mandat, lorsqu'il s'agit de ne pas laisser les plus méritants d'entre eux dans le dénuement.

La lasagne

À la fin du quinquennat de Jacques Chirac, Augustin de Romanet, son ancien secrétaire général adjoint nommé à la Caisse par ses soins, a ainsi fait venir une foule de ses camarades de bureau à l'Élysée ou dans les cabinets ministériels. Parmi eux, Laurent Vigier, qui conseillait Chirac sur les dossiers internationaux ; Philippe Mutricy, qui travaillait avec Dominique de Villepin à Matignon, ou encore l'ex-directeur de cabinet de Jacques Chirac, Michel Blangy, qu'il a fait nommer administrateur de Transdev. Alain Quinet, ex-collaborateur de Dominique de Villepin, n'a pas lui non plus été laissé au bord de la route. Romanet lui a réservé une place de choix : il l'a nommé numéro deux de la Caisse.

À chaque remaniement, la CDC joue le rôle de Pôle emploi auprès des membres de cabinets ministériels. À cette différence près : on y est bien payé et, surtout, on n'est jamais radié.

Géraldine Lacroix, la directrice de la cohésion sociale de la Caisse ? Elle vient du cabinet de Benoît Hamon (à l'Économie sociale) et de celui de Vincent Peillon (à l'Éducation nationale).

Philippe Rossinot, le responsable des actifs immatériels de la Caisse ? Il a trouvé un point de chute après avoir travaillé auprès de Laurent Wauquiez et de Valérie Pécresse dans le gouvernement Fillon.

Parfois, la Caisse sert aussi de base arrière à ceux qui, en cours de route, ont envie de prendre du recul ou de faire une petite pause. Lorsque la directrice adjointe du cabinet de Jean-Marc Ayrault à Matignon, Odile Renaud-Basso, a voulu attendre qu'un beau job se libère pour elle dans son administration d'origine, la direction du Trésor, elle a passé trois petites années à la Caisse. Même chose, en 2010, quand Antoine Gosset-Grainville, le directeur adjoint du cabinet de François Fillon à Matignon, était arrivé à la Caisse comme numéro deux, pour seconder Augustin de Romanet avant de monter son cabinet d'avocats.

L'asile politique

Autour de la table du comité de direction de la CDC, il n'est donc pas rare que les ex-collaborateurs de ministres soient plus nombreux que les cadres issus de la maison. Fin octobre 2016, la plus haute instance de direction de la Caisse (quinze personnes) comptait ainsi huit anciens membres de cabinets de droite et de gauche.

Et s'il n'y avait que les anciens conseillers de ministres. Mais il faut aussi compter avec ceux qui se servent de la Caisse comme d'un tremplin pour leurs activités militantes ou leurs combats idéologiques. La Caisse a longtemps compté parmi ses salariés[1] Jacques Nikonoff, l'ex-dirigeant d'Attac et actuel patron du Parti de la démondialisation. Quelle part de son énergie celui-ci consacrait-il à son travail de haut fonctionnaire et à son combat contre la mondialisation ?

Conseiller de plusieurs ministres UMP, Arnaud Richard, lui, a rejoint la Caisse en 2009, peu avant d'être élu député Les Républicains des Yvelines à la faveur d'une élection partielle. Il a attendu plusieurs mois avant de se mettre en disponibilité, ce qui est légal mais créait une situation étrange : la Caisse est placée sous la protection du Parlement.

Parfois, les choses sont encore plus embarrassantes pour un directeur général. Au début du mois de mai 2014, dans son courrier, Pierre-René Lemas a ainsi trouvé une lettre dont il se serait bien épargné la lecture et à laquelle il ne savait pas trop comment répondre. Le ton de la missive était courtois, le style sobre et les formules de politesse adaptées. En quelques mots, l'expéditeur expliquait que, pour éviter le rachat du groupe Alstom par une entreprise étrangère (Siemens ou General Electric), la Caisse devrait se porter acquéreur des actions du groupe de transport.

1. Autodidacte, Jacques Nikonoff a réussi le « 3e concours » de l'ENA et a intégré à ce titre la Caisse des dépôts, il ne s'agit donc pas d'une nomination de complaisance.

« Cet acte patriotique honorerait la CDC, groupe public au service de l'intérêt général et du développement économique du pays dont la devise est la "Foi publique". Je suis sûre que je trouverai en vous une personne parfaitement consciente de l'intérêt d'une telle solution. »

Si Pierre-René Lemas n'a finalement pas répondu, c'est d'abord à cause de la signature qui figure au bas de la lettre : Marine Le Pen. Le directeur général se doutait de l'utilisation politique que la présidente du Front national pourrait faire de sa réponse. Mais Lemas savait parfaitement que la tournure de ce courrier devait beaucoup à quelqu'un qui connaît très bien la Caisse des dépôts. C'est Bernard Monot, le principal conseiller économique de Marine Le Pen, un HEC qui, avant d'être élu député européen FN en 2014, a été plusieurs années cadre à la direction financière de la CDC (il est aujourd'hui en disponibilité de la Caisse). Et Lemas ne se voyait pas répondre publiquement à l'un de ses subordonnés, élu FN de surcroît, sur une question concernant la maison.

Les petits secrets d'Étienne Bertier

Certains de ceux qui ont trouvé un agréable refuge à la Caisse ne considèrent pas celle-ci comme une simple annexe de Pôle emploi, mais l'utilisent comme un marchepied pour leurs ambitions les plus folles. Au début des années 1990, Étienne Bertier, journaliste du *Point* (passé auparavant par *Libération*), a estimé qu'il avait fait le tour du métier, même s'il adore encore afficher sur son CV qu'il a été « reporter de guerre », ce qui fait toujours rire dans la profession, où l'on sait que cette expérience se limite à un séjour de quelques semaines au Moyen-Orient lors de l'invasion du Koweït par Saddam Hussein.

En 1993, Bertier est devenu l'attaché de presse d'Edmond Alphandéry, le ministre de l'Économie d'Édouard Balladur. Rapidement, les deux hommes ont partagé beaucoup de secrets et ne se sont plus quittés. Alphandéry sort du gouvernement pour prendre la présidence d'EDF ? Bertier le suit pour devenir l'un de ses principaux collaborateurs, ce qui agace beaucoup dans la maison où les polytechniciens du corps des Mines ou de celui des Ponts ne comprennent pas que l'on puisse confier d'aussi hautes responsabilités à un modeste diplômé de l'Essec.

Alphandéry devient ensuite président de la CNP (la Caisse des dépôts en possède 40 %) ? Il recommande chaudement Étienne Bertier pour que la Caisse lui trouve un emploi à la mesure de ses talents. L'ancien journaliste sait se faire apprécier par le directeur général de l'époque, Francis Mayer, qui en fait son conseiller spécial.

L'ascension de l'ancien journaliste est spectaculaire. Quelques années plus tard, Étienne Bertier est nommé à la tête d'Icade, la filiale immobilière de la Caisse. C'est bien connu, dit-on dans la profession, « le journalisme mène à tout, à condition d'en sortir ». François Bachy en sait quelque chose. Bertier a appliqué l'adage avec talent : en à peine vingt ans, il est passé de *Libération* à la direction d'une des plus grandes entreprises françaises.

Lorsqu'il a succédé à Francis Mayer et est devenu directeur général de la Caisse, Augustin de Romanet n'a pas vraiment été séduit par la personnalité d'Étienne Bertier. Il l'a rapidement mis à la porte. Rue de Lille, les voisins de bureau du directeur général ont encore en mémoire les hurlements des deux hommes, qui ne pouvaient pas se souffrir. Personne n'a jamais su ce que Romanet reprochait exactement à Bertier. Mais, dans un très sévère rapport de 2013, la Cour des comptes a décortiqué la gestion d'Icade. Elle s'est notamment interrogée sur les étranges relations qu'entretenait cette filiale de la Caisse avec un groupe d'investisseurs irlandais qui a réalisé de gigantesques plus-values sur son dos.

Les magistrats de la Cour des comptes se sont aussi étonnés du montant du chèque reçu par Bertier à l'occasion de son départ – 1,3 million d'euros plus un bonus. « Les raisons qui ont conduit le comité des rémunérations à rehausser les conditions de départ que le conseil avait prévu sont assez difficiles à saisir », expliquent ainsi les magistrats. Ils n'ont sans doute pas fait attention au nom du président de ce comité des rémunérations si généreux : Edmond Alphandéry, l'homme qui a fait monter si vite Bertier.

La famille, c'est sacré

La Caisse ressemble parfois à une auberge familiale. En janvier 2014, à la tête de la SNI, la Société nationale immobilière, filiale à 100 % de la Caisse des dépôts, qui gère en direct près de 300 000 logements, les salariés ont assisté à une étonnante querelle de famille à la tête de leur entreprise. Pendant plusieurs mois, André Yché, le patron, un ancien pilote militaire, était en conflit ouvert avec Stéphane Keïta, un énarque qui présidait le conseil de surveillance de la SNI. Un homme qui dispose d'un pedigree familial pas tout à fait banal : il est un proche parent de Dominique Strauss-Kahn et connaît beaucoup des secrets de l'ancien patron du FMI, qu'il a suivi dans la plupart de ses postes (à Bercy comme à Sarcelles).

Pour dissuader l'ambitieux qui guignait son job, André Yché disposait de quelques atouts. Sa garde rapprochée, et notamment son chargé de mission embauché quelques mois plus tôt, se sont mobilisés. Son jeune collaborateur Thomas Le Drian a pour lui d'être le fils du ministre de la Défense. Or, la vie est décidément bien faite, Jean-Yves Le Drian a justement son mot à dire sur la SNI puisque celle-ci gère, entre autres, le logement de nombreux gendarmes et de militaires à la retraite. Comme deux précautions valent mieux qu'une, Yché avait aussi pour allié Manuel Flam, qu'il venait d'embaucher à sa sortie du cabinet de Cécile Duflot. Cet énarque passionné d'écologie, qui a longtemps animé la section PS du département de l'Indre, est aussi le fils d'une ex-adjointe au maire de Paris. Stéphane Keïta n'a pas pu résister. Il a battu en retraite.

Les amis de mes amis…

La Caisse se montre également accueillante pour les amis des amis. François Bachy, une fois installé à la direction de la communication, embauche une consœur pour diriger la rédaction de *CDScope*, le journal interne de la CDC. Constance Vergara n'était pas, jusque-là, particulièrement passionnée par la vie des entreprises, puisqu'elle a été l'éphémère rédactrice en chef de *Politiques undercover* sur D8, une émission de haut niveau qui voulait réinventer le débat politique grâce au concept de « téléréalité » (mais qui n'a pas dépassé un unique épisode).

Constance Vergara a surtout écrit en 2012, avant la présidentielle, un livre[1] très sympathique pour celle qui fut pendant dix-huit mois la première dame et dans lequel on apprend que celle-ci « n'aime pas les marques et porte des vêtements achetés dans des solderies ». Extrait : « Elle est à l'image des trois quarts des Françaises d'aujourd'hui, qui travaillent. Elle est divorcée, elle élève trois enfants... Elle est ancrée dans des problématiques du quotidien. C'est très nouveau, car elle est à l'image de la femme française d'aujourd'hui, alors que Carla Bruni vit dans un hôtel particulier, et les précédentes premières dames n'avaient pas besoin non plus de travailler pour vivre. » On est prié de ne pas rire.

La direction de la communication de la CDC, qui compte 250 salariés, n'est pas à une embauche près. En 2007, Augustin de Romanet y avait fait venir Philippe Joyeux, un ancien du service de presse de l'Élysée et de Matignon. Les budgets opulents permettent aussi de faire vivre beaucoup d'amis. Lorsque la BPI a été créée, en fusionnant Oséo, le FSI et CDC Entreprises, il a fallu tailler dans les prestations pour éviter les doublons. Or, ses dirigeants ont découvert que l'agence Havas conseillait le FSI (pour un demi-million d'euros annuel), tandis qu'Isabelle Clap, une ancienne du cabinet de Lionel Jospin, travaillait pour CDC Entreprises, et une ex-collaboratrice de François Fillon à Matignon gérait la communication d'Oséo. Ils ont mis fin à tous ces contrats. Les meilleures auberges sont parfois obligées de refuser du monde.

1. *Valérie, Carla, Cécilia, Bernadette et les autres, en campagne*, Tallandier, 2012.

Chapitre 4

En direct de l'Élysée…

Paris, fin août 2015. Alors que la rentrée politique bat son plein, François Hollande prononce le discours d'ouverture de la Semaine des ambassadeurs, qui réunit comme chaque année dans la capitale les diplomates français en poste dans le monde entier. Dans quelques semaines va s'ouvrir la COP21, enjeu majeur pour un président naufragé en quête permanente de légitimité. Au beau milieu de son allocution, le chef de l'État annonce que l'Agence française de développement (AFD), institution financière qui dispense l'aide publique en faveur des pays les plus pauvres et de l'outre-mer, va être intégrée à la Caisse des dépôts. « L'Agence française de développement y gagnera un ancrage, des ressources, et sera dotée d'un nouveau projet avec de nouveaux moyens au service du développement, de la transition énergétique et du rayonnement de la France », assure François Hollande. Il lui est facile, ensuite, de lister la farandole des cadeaux qui accompagnent son annonce : plusieurs milliards d'euros supplémentaires pour le financement du développement de la lutte contre le réchauffement climatique d'ici 2020, augmentation de moitié des prêts consentis par l'AFD, qui passeront de 8,5 à 12,5 milliards d'euros par an dans cinq ans.

Tous les diplomates applaudissent. Quelques députés sont malgré tout sidérés par cette annonce. Le chef de l'État vient de se servir par effraction dans le trésor de la Caisse des dépôts. Non seulement c'est interdit, mais c'est un véritable tabou depuis deux cents ans que cette institution existe.

Bonaparte l'avait rêvé, Louis XVIII l'a fait. Rêvé de quoi ? D'une institution financière capable de garantir le remboursement des rentes et d'intervenir pour stabiliser les prix des produits agricoles. Mais le Premier consul n'a pas eu le temps de mener à bien ce projet. Il est devenu empereur et, à l'issue des Cent Jours, a surtout laissé des dettes de guerre.

C'est donc Louis-Emmanuel Corvetto, ministre des Finances de Louis XVIII, qui crée en avril 1816 la Caisse des dépôts, afin d'utiliser les consignations des notaires pour acheter de la dette publique. « Nous posons la première pierre d'un édifice dont l'utilité s'agrandira avec le temps », déclare-t-il alors devant la Chambre des députés, dont la mission consiste à veiller sur ce trésor, et à le protéger des convoitises de l'exécutif.

Le président de la République a un seul pouvoir : celui de nommer le directeur général de la Caisse, qu'il n'a pas le droit de révoquer.

Voilà pour la théorie. En pratique, c'est un peu différent, comme le montre l'allocution de François Hollande devant les ambassadeurs, en août 2015. Car le président a bel et bien imposé ce montage au directeur général. Pierre-René Lemas a d'ailleurs abordé brièvement le sujet avec le président de la commission des finances, lors d'un déjeuner pendant l'été. Mais il n'en a pas dit un mot aux membres de la commission de surveillance.

Les présidents qui se sont succédé à l'Élysée ont toujours réussi à obtenir petits cadeaux et grands sacrifices de la part de la Caisse. C'est encore plus vrai depuis que l'État n'a plus un sou vaillant.

Bernard Tapie à l'assaut du trésor

Il ne s'agit pas toujours d'affaires d'État, loin s'en faut. Ainsi, en 1991, Bernard Tapie a très envie d'être ministre et François Mitterrand a très envie de le nommer. L'homme d'affaires s'est fait connaître par ses dénonciations tonitruantes du Front national et de ses électeurs, qu'il a traités publiquement de « salauds ». Il incarne l'énergie et le renouveau, autant d'ingrédients dont l'Élysée a bien besoin en ce début de fin de règne.

Parce qu'il sait que sa cote d'amour auprès du monarque est connue de tous les initiés, Tapie se sent chez lui dans tous les palais de la République. C'est donc tout naturellement qu'il prend rendez-vous et qu'il s'installe en ami dans le bureau du directeur général, Robert Lion. Cet inspecteur des finances, en poste depuis dix ans, a été directeur de cabinet de Pierre Mauroy à Matignon entre 1981 et 1982.

« Tapie joue la connivence immédiatement, se souvient Robert Lion. Il me gratifie d'un clin d'œil tout en me rappelant que nous sommes tous les deux des hommes de gauche. » Puis il présente au directeur général l'opération « fabuleuse » qu'il vient lui proposer : lui vendre sa part dans Adidas, qu'il a achetée peu de temps auparavant et qu'il qualifiait alors d'« affaire de sa vie ». Il n'en veut pas très cher, 300 millions de francs, ce n'est rien pour la Caisse, qui ferait du même coup un beau geste patriotique, en ramenant ce groupe allemand dans le giron français.

Robert Lion fait instruire le dossier par ses services, notamment par Hélène Ploix, directrice générale adjointe chargée des affaires financières, dont la réaction est très négative. Mais Tapie revient à la charge à deux reprises, accompagné de Gilberte Beaux, une banquière proche de Raymond Barre (elle a été le principal bailleur de fonds de sa campagne présidentielle en 1988). Cette femme au chignon impeccable travaille à présent avec Tapie, auquel elle apporte un vernis de respectabilité. Pendant le rendez-vous, l'homme d'affaires chéri de Mitterrand décoche des clins d'œil et prend Robert Lion par le bras. Il ne comprend pas pourquoi son interlocuteur reste de marbre.

Quelques jours plus tard, le téléphone sonne dans le bureau directorial dont les fenêtres donnent sur la Seine et le Louvre. C'est Jean-Louis Bianco, secrétaire général de l'Élysée, qui plaide la cause de l'ami du président : « On te demande d'être compréhensif, dit-il à Robert Lion. 300 millions de francs, ce n'est pas un problème pour la Caisse… » Le directeur général tient bon.

Puis c'est Pierre Bérégovoy, ministre des Finances et ancien secrétaire général de l'Élysée, qui passe à l'offensive. Il le supplie : « Faut quand même que tu fasses quelque chose pour notre ami Tapie. » Devant le refus de son interlocuteur, il s'agace : « Tu vas venir dans mon bureau le lui dire toi-même. » Il marque un temps puis reprend : « Ah ! les statuts… » Un regret ? Une menace voilée ?

En tout cas, le futur Premier ministre – qui accueillera Bernard Tapie dans son gouvernement – enrage de son impuissance face à un haut fonctionnaire inamovible et incommode.

Le jour venu, l'homme d'affaires reprend son argumentaire devant le directeur général de la Caisse des dépôts et le ministre de l'Économie et des Finances, dans le bureau de celui-ci. Il se heurte de nouveau à une fin de non-recevoir. Et Bérégovoy de soupirer, sûrement pour se dédouaner vis-à-vis de son riche ami : « Il faut vraiment réformer les statuts de la Caisse... [1] »

Finalement, Adidas est vendu au Crédit lyonnais en février 1993, une transaction qui provoque encore des soubresauts judiciaires près de vingt-cinq ans plus tard. La Caisse des dépôts l'a échappé belle. Mais le truculent Tapie, lui, n'a pas oublié le coffre-fort de la République. Presque vingt ans après, alors que Nicolas Sarkozy est à l'Élysée et que ce dernier ne peut rien refuser à l'ancien homme d'affaires, « Nanard » harcèle téléphoniquement plusieurs collaborateurs du directeur général Augustin de Romanet. Il n'a pas de « belle affaire » à leur proposer, cette fois, mais un jeune couple à protéger. Cette petite famille se compose d'un de ses proches parents et de la compagne de celui-ci, logés dans un appartement de la Caisse des dépôts dans le quartier de Bagatelle, à Neuilly-sur-Seine, tout près du bois de Boulogne. Les deux locataires ne paient plus leur loyer depuis plusieurs

1. Contacté par les auteurs, Bernard Tapie assure qu'il ne connaît pas Bernard Lion et qu'Adidas, à sa connaissance, n'a jamais été proposé à la Caisse des dépôts. Robert Lion, quant à lui, se souvient très bien des visites de Bernard Tapie.

mois, et leur propriétaire envisage donc de les expulser. « Bernard Tapie appelait tous les jours, raconte un collaborateur de Romanet. Il était très lourdingue, avec des arguments du genre : « "Vous ne pouvez pas leur faire ça, ils vont être à la rue." J'ai mis un mois à m'en débarrasser. » Les mauvais payeurs bénéficient d'un délai de cinq mois pour rembourser leur dette...

Les amis de Chirac

Ah ! les coups de fil de l'Élysée ! Philippe Auberger, ancien député UMP de l'Yonne, est président de la commission de surveillance de la Caisse quand il reçoit la visite de Francis Mayer, le directeur général nommé par Jacques Chirac en décembre 2002. Celui-ci vient le consulter pour une « affaire délicate ». Il a reçu un appel de l'Élysée. De Jérôme Monod plus exactement. Ce compagnon de route historique de Jacques Chirac, qui a dirigé la Lyonnaise des eaux pendant vingt ans, est redevenu son proche conseiller au Château. Il demande que la Caisse participe au tour de table de la Fondapol, le cercle de réflexion politique chiraquien qu'il est en train de créer à la demande du chef de l'État. Francis Mayer est très ennuyé car la CDC ne finance alors aucune fondation de gauche du même type. Mais il serait encore plus contrarié de déplaire à Jérôme Monod. Philippe Auberger lui conseille de se tenir à l'écart, mais Mayer insiste pour qu'il regarde tout de même le dossier : le directeur veut se couvrir auprès de la commission de surveillance. Quelque temps plus tard, le téléphone sonne chez Philippe Auberger. C'est Jérôme Monod. Le député de l'Yonne est assez surpris du ton onctueux de ce grand patricien : depuis qu'il a soutenu Balladur contre Chirac en 1995, Monod a pris l'habitude de médire de lui dans tout Paris. Mais là, l'ami de Jacques Chirac a toutes les raisons de se montrer gracieux : il demande plusieurs dizaines de milliers d'euros... qu'il finit par obtenir.

L'Élysée, du temps de Chirac, n'est pas très interventionniste. Mais tout de même. Une histoire, à cette époque, fait bien rire les banquiers de la place. Les Caisses d'épargne et la Caisse des dépôts sont propriétaires d'une filiale commune, une banque d'investissement nommée Ixis, sur laquelle le patron des Caisses d'épargne, Charles Milhaud, voudrait bien régner. À peine nommé, Francis Mayer cède à ce caprice directement relayé par l'Élysée : Charles Milhaud a embauché l'ancien conseiller économique à l'Élysée Julien Carmona et claironne à qui veut l'entendre qu'il est le meilleur ami de Jacques Chirac. Mais Francis Mayer est moins faible qu'il n'en a l'air. Il vend la participation de la Caisse dans Ixis au prix fort, et se débarrasse ainsi d'un des pires canards boiteux que révélera la crise financière de 2008.

Claude Guéant à l'appareil

Toutefois, ces quelques pressions ne sont rien comparées à l'activisme forcené de Nicolas Sarkozy et de son équipe. L'« hyperprésident », dès son arrivée, est agacé au plus haut point par le directeur général nommé quelques semaines plus tôt. Augustin de Romanet souffre en effet d'un grave handicap : il est chiraquien. Il était même, jusqu'en octobre 2006, secrétaire général adjoint de l'Élysée. Sarkozy voudrait qu'il s'en aille. Et celui qui a pris la place de Romanet au Château, François Pérol, le souhaite aussi. Pour le remplacer ? Cet inspecteur des finances s'en défend, mais ne convainc guère.

Mais le tourmenteur habituel d'Augustin de Romanet, c'est Claude Guéant, le secrétaire général de l'Élysée. Des témoins se souviennent que le directeur général regardait son téléphone avec effroi, de crainte qu'il ne sonne, et que Claude Guéant ne soit au bout du fil. Il a par exemple sur son bureau un dossier formidable, que la Caisse ne peut pas laisser passer. Le cinéaste Luc Besson veut créer une sorte d'Hollywood français en Seine-Saint-Denis. La Caisse a déjà refusé le projet quatre ans auparavant ? Pas grave : qui ne commet pas d'erreurs de jugement ?

On sait désormais que l'ancien secrétaire général de l'Élysée sous Nicolas Sarkozy est épris de peinture flamande du XVIIe siècle, on ignorait qu'il était fan d'*Arthur et les Minimoys* et de *Taxi 3*. C'est sûrement Christophe Lambert, un publicitaire qui conseille amicalement Nicolas Sarkozy, qui lui a fait apprécier le cinéma de son nouvel ami et associé Luc Besson.

Augustin de Romanet fait exhumer le dossier « Cité du cinéma » et lui trouve subitement quelques vertus. Mais il limite la casse et ne met « que » 40 millions sur la table, bien moins que ce que réclamait Claude Guéant.

A posteriori, Romanet se justifie en expliquant qu'il s'agissait de créer de l'emploi en Seine-Saint-Denis, une mission conforme au rôle social de la Caisse. En tout cas, ses arguments n'ont pas convaincu la Cour des comptes, qui a transmis en novembre 2013 une note de signalement au parquet de Paris…

Avant « l'ami Luc », « l'ami Patrick » a pu bénéficier

lui aussi des largesses de la Caisse. Fin 2008, Levallois-Perret est l'une des villes les plus endettées de France. L'agence Fitch vient de dégrader sa note de AA- à A- et l'a placée sous surveillance négative. Un coup dur pour le maire, Patrick Balkany, qui a construit sa suprématie autour de deux piliers : le chouchoutage de ses électeurs et la réalisation de programmes immobiliers pharaoniques, portés par la société d'économie mixte (SEM) Semarelp. Problème : cette SEM a rencontré des difficultés de refinancement et n'inspire pas confiance aux marchés. Mais, dès janvier 2009, cette contrariété n'est plus qu'un mauvais souvenir. Fitch maintient sa note, mais lève sa surveillance négative. Patrick Balkany s'est tiré d'un bien mauvais pas. Par quel miracle ? Un prêt de la Caisse des dépôts, pour un montant de 100 millions d'euros. Sa longue amitié avec Nicolas Sarkozy explique-t-elle ce geste généreux envers une commune surendettée ? Un collaborateur de Patrick Balkany admet que son patron en a parlé au président, mais assure que cela n'a aucun rapport avec les largesses de la Caisse

Est-ce à la demande de l'Élysée ou simplement pour se montrer agréable au monarque que la Caisse des dépôts devient en 2010 actionnaire d'un label musical « indépendant » ? Cet investissement culturel, à hauteur de 5 millions d'euros, ne se porte pas sur n'importe quelle entreprise, mais sur Naïve, une maison de disques qui compte dans son catalogue une jeune chanteuse prometteuse du nom de Carla Bruni.

Quand, en 2014, cette société est à nouveau à deux doigts de la faillite, que fait Patrick Zelnik, son patron ? Il passe un coup de fil à l'Élysée où il connaît bien du monde, et notamment la conseillère culture de François

Hollande, Constance Rivière (elle fut la rédactrice du « rapport Zelnik » sur le numérique que celui-ci avait remis à Nicolas Sarkozy pendant son mandat). Mais cette fois-ci, la Caisse a le courage de dire non. Parce que Nicolas Sarkozy n'est plus là ?

Tout comme Naïve, après la crise de 2008, le groupe de communication ZNZ connaît des problèmes de trésorerie. Heureusement, le concours financier de la Caisse a apporté à cette PME méritante une bouffée d'air frais. Il se trouve, mais c'est sûrement une coïncidence, que le patron de ZNZ, François de La Brosse, a monté le site internet du candidat Sarkozy en 2007. Plus tard, ce publicitaire s'est associé avec le frère cadet du président, François Sarkozy, pour créer des webtélés consacrées à la consommation et au « bien vieillir ». C'est un message d'espoir pour tous les entrepreneurs qui traversent un moment difficile : ils peuvent accéder au coffre-fort des Français… à condition d'avoir un bon copain à l'Élysée.

Mais de tous les amis de Nicolas Sarkozy, celui dont les exigences se sont révélées les plus coûteuses est sans conteste Henri Proglio. En 2009, quelque temps avant de quitter la tête de Veolia pour prendre la présidence d'EDF, celui qui a été successivement proche de Jacques Chirac, puis de Nicolas Sarkozy, et encore plus de Claude Guéant, veut fusionner le département transports de Veolia avec Transdev. Ce rapprochement permettrait à Veolia d'alléger un endettement qui devient problématique en pleine crise financière. Et, comme par enchantement, la Caisse consent à ce « beau mariage » qui lui coûtera très cher. C'est beau, l'intérêt général !

Macron à la rescousse

Les années passent. Sarkozy s'en va et Hollande s'installe en son palais. Et, une nouvelle fois, la CDC est désignée pour se dévouer. Cette fois-ci, elle doit apporter ses actifs à la toute nouvelle Banque publique d'investissement, que le candidat avait promise dans son programme, comme du reste François Mitterrand en 1981. La Caisse est une fois encore priée de favoriser ce projet cher au nouveau président. Pour faire court, elle doit le financer, sans pour autant avoir son mot à dire. « Au départ, Bercy voulait 51 % du capital de la Bpifrance. La CDC était donc dépossédée de la moitié de ses actifs et en perdait le contrôle, raconte un des dirigeants de l'institution qui a suivi le dossier de près à l'époque. C'était impossible, inacceptable. En même temps, la résistance était très difficile à organiser car il s'agissait du "premier acte" dans la relation entre la Caisse des dépôts et l'Élysée depuis l'élection de Hollande. Jean-Pierre Jouyet, le meilleur ami du président, venait d'arriver et Ségolène Royal avait obtenu la vice-présidence de la BPI comme lot de consolation. »

La marge de manœuvre était donc très faible. Jean-Pierre Jouyet et Antoine Gosset-Grainville, ancien directeur adjoint de cabinet de François Fillon à Matignon, qui a assuré l'intérim de la direction générale après le départ d'Augustin de Romanet, imaginent alors un scénario pour sortir de ce mauvais pas. Les deux hommes attendent quelques semaines puis vont voir Emmanuel Macron, secrétaire général adjoint de l'Élysée. Tous trois se connaissent bien. Macron est non seulement l'un des plus proches amis de Gosset-Grainville, mais il est aussi un « bébé » Jouyet (c'est comme cela que l'on a appelé les jeunes pousses de l'inspection des finances à l'époque où Jouyet en était le patron).

Jouyet et Gosset-Grainville lui tiennent à peu près ce langage : soit la CDC a 50 % du capital et autant d'administrateurs que l'État, soit elle n'est actionnaire qu'à hauteur de 33 % et c'est l'État qui en est l'opérateur. La seconde option présentait beaucoup d'inconvénients pour l'Élysée, qui n'avait plus les moyens financiers de ses ambitions. Et puis l'opération, avec l'État en première ligne, devenait soudain suspecte : à peine les socialistes arrivent-ils au pouvoir qu'ils renouent avec leurs vieilles lunes étatiques, en créant une nouvelle institution financière qui rappelle la Gosbank de l'ex-URSS.

Jouyet et Gosset-Grainville obtiennent gain de cause auprès de leur ami : Macron convainc Hollande de céder ; quant à Bercy, les sept ministres qui y officient passent tellement de temps à se faire la guerre qu'il n'est pas très compliqué de diviser pour régner.

Finalement, au match de l'interventionnisme, encore une fois contraire à la loi et à son esprit, énoncés il y a plus de deux cents ans, c'est Nicolas Sarkozy qui gagne haut la main. De la BPI à l'AFD, François Hollande n'a toutefois pas réussi à se montrer aussi « exemplaire » qu'il le promettait. En la matière, son mentor François Mitterrand ne s'est pas privé non plus.

Chapitre 5

La Caisse paiera !

Lorsque Mitterrand est élu à l'Élysée, les ressources de l'État sont au plus bas et le nouveau président a des rêves de grandeur. Trop bête ! Il n'hésite pas longtemps avant de puiser dans le dernier trésor de la République pour financer ses caprices les plus fous.

Tout commence dès l'automne 1981. Le nouveau monarque n'a pas encore imaginé la « très grande bibliothèque », la pyramide du Louvre ou l'Institut du monde arabe. Mais il a déjà décidé de donner une nouvelle impulsion au quartier de la Défense. Il demande à Roger Quillot, son ministre de l'Équipement, de lancer un grand concours d'architecture pour redynamiser le quartier d'affaires dont Georges Pompidou a entamé les fondations mais qui s'est un peu assoupi sous Giscard. Jean Nouvel dépose le projet d'une tour sans fin (400 mètres de haut) qui ne se fera jamais et tous ses confrères veulent en être. Ils font des croquis pour aménager le quartier.

François Mitterrand comprend vite que son ministre ne fera pas l'affaire pour piloter ce projet. À qui pense-t-il pour le mener à bien ? À Robert Lion, directeur général (*)
de la Caisse des dépôts depuis quelques mois. En plus de ses fonctions, celui-ci devient donc, en 1982, le maître

(*) devenu Pdt... de Greenpeace France !

d'œuvre officiel de la nouvelle lubie présidentielle : la construction d'une grande arche dédiée à la communication. Vaste programme !

Passionné d'architecture, Lion se prend d'autant plus au jeu qu'il doit se bagarrer contre les équipes de la Générale des eaux emmenées par Christian Pellerin qui, elles aussi, ont jeté leur dévolu sur la Défense et démarrent la construction du CNIT. Le haut fonctionnaire est persuadé que l'État ne doit pas laisser le quartier d'affaires aux mains des promoteurs.

Il commence par faire très attention à ne pas tout mélanger. Il cloisonne ses deux fonctions. D'un côté, la Grande Arche. De l'autre, la Caisse. Mais évidemment, au moment de chercher des solutions pour financer le projet (l'État n'a prévu de prendre à sa charge que 50 % de la construction), il ne veut pas décevoir le président. Et il ne résiste pas. Il met la Caisse à contribution. Celle-ci peut difficilement dire non puisque… c'est le patron lui-même qui tend la main. La CDC prend donc à sa charge une grosse partie du financement de la Grande Arche pourtant réservée aux investisseurs « privés ».

Trente ans plus tard, elle est encore l'heureuse propriétaire d'une partie importante du bâtiment (la paroi nord, qui a connu mille et un épisodes improbables). L'architecte danois a jeté l'éponge en cours de route. Le sol s'est enfoncé sous le poids de l'arche. Des morceaux du bâtiment sont tombés sur les passants…

Aujourd'hui, la Grande arche fait pâle figure. Ses étages supérieurs, qui devaient abriter un musée, sont fermés au public. Des milliers de mètres carrés n'ont jamais été loués. Même chose pour le toit terrasse destiné à offrir une vue imprenable sur tout Paris, fermé pendant plusieurs années. Des filets entourent les piliers afin que les dalles de marbre qui recouvrent le bâtiment ne tombent pas. Il y a quelques années, une campagne de travaux de 200 millions d'euros a été nécessaire pour rénover le bâtiment.

L'héritage Mitterrand

La Grande Arche n'est pas le seul « cadeau » légué par François Mitterrand à la Caisse des dépôts. Qui se souvient du circuit automobile de Magny-Cours dans la Nièvre ? À l'origine, le président avait envie de faire plaisir à des amis (il était très proche de la famille Bernigaud, les propriétaires de ce qui n'était qu'une grosse piste de karting puis de formule 3). Il voulait surtout donner un rayonnement international à la Nièvre, sa terre d'élection depuis les années 1960.

Tout de suite après la victoire de 1981, il confie à Pierre Bérégovoy, le maire de Nevers, et surtout à son chef de cabinet Jean Glavany, la mission de faire de Magny-Cours un vrai circuit de formule 1 où pourraient se dérouler des épreuves internationales. Au début, tout est simple : c'est le conseil général qui finance l'essentiel et rachète le circuit à la famille Bernigaud. Mais c'est insuffisant. Il faut vite organiser un second tour de table. L'État verse 150 millions de francs, le département 100, mais il manque encore 50 millions. Très obligeante, la Caisse fait donc le chèque. En 1991, le rêve est devenu réalité. François Mitterrand assiste à la victoire de l'Anglais Nigel Mansell au Grand Prix de France.

Mais moins de vingt ans plus tard, en 2008, la

Fédération internationale de sport automobile décide que Magny-Cours n'offre plus toutes les garanties et que le circuit ne peut plus accueillir de grands prix. À moins de trouver de nouvelles activités, la faillite menace. L'État n'a pas la moindre intention de s'en mêler. Il laisse la CDC et le département se débrouiller pour reconvertir les lieux. Et une fois encore, la Caisse doit payer.

Les pots cassés

Les successeurs de François Mitterrand ont su perpétuer la tradition. Quand Jacques Chirac supprime le service national presque du jour au lendemain, c'est la catastrophe pour de nombreuses petites villes de garnison. Le ministère de la Défense est chargé de vendre ses casernes au plus offrant en essayant de trouver à celles-ci des activités de substitution. Mais devant la bronca généralisée des élus locaux concernés, Jacques Chirac demande un coup de pouce à la Caisse et lui confie le soin de revitaliser les centres-villes dévastés.

Et François Hollande ? Il a supprimé plusieurs régions. Dans chacun de ses discours en province, il a lui aussi une petite pensée pour la Caisse. Sa grande réforme régionale fait du grabuge dans les agglomérations qui perdent leur statut de capitale provinciale ? « Ne vous inquiétez pas, la Caisse est là ! » explique le président. Que les élus se rassurent, elle prendra toute sa part dans la « redynamisation » de leurs collectivités. C'est en tout cas ce qu'il explique en avril 2015 aux maires de Metz et de Châlons-en-Champagne, qui ont dû renoncer à leur rang au profit de Strasbourg.

Allô, la Caisse ?

Dans le domaine économique, le pouvoir exécutif ne rate jamais une occasion de solliciter la Caisse pour réparer les dégâts. Eurotunnel est en faillite et les petits porteurs français ont été rincés par les travaux du tunnel sous la Manche ? En 1994, Edmond Alphandéry, le ministre de l'Économie qui a embauché Étienne Bertier comme attaché de presse, ne cherche pas longtemps vers qui se tourner. Il demande à la CDC de souscrire pour 20 % de l'augmentation de capital de 5 milliards de francs (un peu plus de 1 milliard d'euros d'aujourd'hui) qu'il vient de décider pour sauver ce qui peut l'être du projet.

Au milieu des années 1990, la faillite du Crédit lyonnais est le scandale du siècle. L'État, ou plutôt les contribuables, éponge la plus grosse part des pertes bien sûr. Mais la Caisse, ou plutôt les épargnants, est appelée en renfort pour ajouter quelques milliards. Et comme, dans ce domaine, l'histoire se répète, c'est chaque fois la même chose.

Récemment, c'est pour EDF que la Caisse a été sollicitée. L'électricien, déjà gorgé de dettes, doit entreprendre de gigantesques travaux de modernisation du réseau. Pour donner un peu d'air à l'entreprise publique, l'État a demandé à la Caisse d'acheter 49 % de sa plus grosse filiale, RTE (Réseau de transport d'électricité), pour 9 milliards d'euros. Ce n'est pas en soi une mauvaise affaire (c'est une activité rentable d'EDF), mais cet investissement « bloque » désormais jusqu'à nouvel ordre ces fonds qui ne sont plus liquides, puisque la CDC ne peut pas revendre ses actions RTE sans autorisation du gouvernement. Elle a d'ailleurs dû se délester de plusieurs participations pour pouvoir acquérir la moitié de RTE. Elle a notamment vendu ses parts dans le réseau d'autoroutes SANEF, un placement pourtant extrêmement rentable.

Lorsque la crise financière a frappé l'Europe de plein fouet en 2008, Nicolas Sarkozy n'a pas fait dans le détail. Dès le début de cette crise, la Caisse est devenue une sorte de vache à lait. Et pas seulement pour éteindre l'incendie Dexia et réparer les grosses erreurs de ses dirigeants.

Les banques françaises ont un besoin urgent de liquidités ? La Caisse met à leur disposition 17 milliards d'euros (elle les récupérera plus tard).

Oséo est à deux doigts d'exploser sous les demandes de prêts des chefs d'entreprise ? Hop, la Caisse débloque 2 petits milliards.

Il faut ouvrir le capital de La Poste ? Allô, la Caisse !

Au total, les interventions de la Caisse pendant la crise financière ont dépassé 50 milliards d'euros.

Et s'il n'y avait que la crise… Nicolas Sarkozy pense à la Caisse pour toutes sortes de missions, du moins dans ses discours.

L'autonomie des universités conduit celles-ci à chercher de nouvelles ressources financières ? La Caisse y pourvoira.

Il imagine un plan pour le « quatrième âge » ? La Caisse doit se spécialiser dans la « silver économie ».

Et le développement durable ? C'est important. Allô, la Caisse !

Tout le monde sait qu'elle répond toujours présent. Cette disponibilité a évidemment donné des idées à tout le monde et pas simplement à l'Élysée. À Anne Hidalgo par exemple.

La Caisse des bobos

C'est un de ces nouveaux quartiers de Paris dont les bobos raffolent. Il y a un cinéma, quelques magasins bio, des immeubles ultramodernes en acier et en verre, un Décathlon, un supermarché Leclerc, le tout réalisé par quinze architectes parmi les plus prestigieux au monde, comme le Néerlandais Rem Khoolas. On a même pensé à créer « Le Cargo », un incubateur de start-up parrainé par Xavier Niel en personne. À deux pas des jardins de la Villette et de la Cité des sciences, le boulevard Macdonald, dans le XIXe arrondissement, s'est totalement transformé en quelques années. Depuis 2015, c'est devenu un lieu branché où il fait bon se promener et vivre : 600 logements sociaux côtoient 600 logements privés (vendus plus de 7 000 euros le mètre carré) au nom de la mixité sociale. Une école (un temps, il a été envisagé de lui donner un nom par référendum participatif) a été construite pour accueillir les enfants de ce nouveau quartier.

Lorsqu'elle parle de l'aménagement de cette friche autrefois occupée par des entrepôts abandonnés, Anne Hidalgo n'est pas avare de superlatifs. Cette belle réalisation, c'est son idée à elle. Ce projet grand comme l'île Saint-Louis, c'est sa vitrine. Madame le maire entend bien que les Parisiens sachent à qui ils doivent ce nouveau « territoire » dédié aux « circulations douces » : elle n'hésite pas à communiquer largement sur ce sujet. Ils peuvent effectivement lui dire merci ! Car ce projet aurait pu leur coûter cher.

À l'origine, il y a une décennie, l'aménagement de ce gigantesque ensemble industriel devait être porté par trois intervenants : la mairie de Paris, Icade et la Caisse des dépôts. Une société mixte a même été créée pour l'occasion. Sur le papier, l'idée était de conserver l'essentiel des bâtiments industriels et de rajouter des éléments plus modernes par-dessus. Mais dès les premiers coups de pioche, rien ne s'est passé comme prévu. Les ingénieurs ont découvert que les sous-sols n'étaient pas assez solides pour soutenir les surélévations. Or, c'est justement ce qui permettait de rentabiliser l'opération. Résultat, il a fallu commencer par injecter des dizaines et des dizaines de mètres cubes de béton à dix mètres dans le sol pour éviter d'avoir plusieurs tours de Pise sur les bords du périphérique parisien. Autre problème: personne n'a pensé à construire un parking digne de ce nom à proximité du centre commercial.

En découvrant tout cela, la direction d'Icade a estimé que le projet ne serait jamais rentable et a préféré jeter l'éponge en laissant la Ville de Paris et la Caisse se débrouiller… À l'hôtel de ville, Anne Hidalgo a expliqué qu'elle ne pouvait vraiment pas assumer les surcoûts sans mettre en difficulté plusieurs années de budget municipal. Résultat, c'est la Caisse qui a pris en charge la part d'Icade. La facture n'est pas anodine : au total, les travaux se sont élevés à 1 milliard d'euros dont 100 millions de surcoûts.

Bonnes et mauvaises causes

Précédée d'une telle réputation, la Caisse attire tous les nécessiteux de l'Hexagone. La Fondation Jean-Jaurès que préside Gilles Finchelstein a besoin d'un petit financement ? Allez, Jean-Pierre Jouyet et Pierre-René Lemas demandent à la direction de la stratégie de faire un chèque pour la bonne cause (la Fondation Jean-Jaurès est l'organe de réflexion du parti socialiste). Après tout, avant eux, Augustin de Romanet versait, lui, son obole à la Fondapol, le think tank de l'UMP, ainsi qu'à Terra Nova, cette « fondation progressiste et indépendante » (c'est elle qui le dit) qui faisait ouvertement campagne pour DSK en 2012 (avant ses déboires judiciaires) et préparait sans se cacher son programme présidentiel. D'ailleurs, la Caisse a les idées larges : dans le passé, elle a aussi financé une étude de la Fondation Nicolas-Hulot.

« Diriez-vous que la Seconde Guerre mondiale vous concerne encore aujourd'hui ? » À cette question de la plus haute importance, les Allemands sont 35 % à répondre par l'affirmative. Les Français, eux, sont 53 %. Sans la Caisse, on ne le saurait pas. C'est elle qui a accepté de financer un tel sondage réalisé par l'institut ViaVoice en Allemagne et en France auprès de 1 000 personnes en mars 2015, et destiné à célébrer le 70e anniversaire de la fin du conflit.

Quand François Hollande a été élu à la présidence de la République en 2012, les cadres de la CDC ont même un moment imaginé qu'ils allaient devenir des patrons de presse. Comment le savaient-ils ? Ils se sont contentés de lire l'interview[1] donnée quelques années plus tôt par le meilleur ami du président, qui est aussi un proche de Jean-Pierre Jouyet : l'avocat Jean-Pierre Mignard, patron de *Témoignage chrétien* à ses heures perdues.

Comme beaucoup de monde, Mignard a une idée très arrêtée sur le rôle de la CDC : elle doit aider la presse

1. *Libération*, 2 novembre 2006.

en difficulté. « L'État peut user d'un moyen classique, en agissant par l'intermédiaire d'un organisme de financement public comme la Caisse des dépôts et consignations, qui est son "bras séculier" lorsqu'il intervient dans le domaine économique. La Caisse pourrait entrer dans le tour de table d'un quotidien en difficulté. Selon moi, l'État peut non seulement le faire, mais il en a le devoir, car la liberté d'expression est l'un des principes fondamentaux de la démocratie. Une entreprise de presse n'est pas tout à fait une entreprise comme une autre : l'aider, c'est servir une liberté fondamentale. » Avec l'argent des autres, omet de préciser ce bon samaritain.

Pour se protéger de telles idées, Nicolas Dufourcq, le patron de la Banque publique d'investissement, s'est en tout cas débrouillé pour susciter un amendement à l'Assemblée nationale stipulant expressément que son institution pouvait intervenir dans tous les secteurs pour aider des entreprises, « à l'exception du secteur de la presse ». On se demande pourquoi…

Comme Dufourcq avec la presse en difficulté, la Caisse se rebiffe parfois. Parce que toutes ces petites subventions aux amis finissent par coûter cher ? Pas du tout. Ce sont souvent des raisons beaucoup plus terre à terre : de simples querelles d'ego. Lorsqu'il a découvert, un peu par hasard, que la Caisse finançait PlaNet Finance, l'ONG de microcrédit de Jacques Attali, Henri Emmanuelli, le président de la commission de surveillance, pourtant pas si regardant en d'autres circonstances, a demandé des comptes à Jean-Pierre Jouyet[1] sur cette subvention annuelle de

1. P-V de la commission de surveillance, 12 mars 2014.

350 000 euros attribuée par la DDTR (Direction des territoires et du réseau) de la CDC. Décryptage : depuis trente ans, Emmanuelli et l'ancien sherpa de Mitterrand ne se supportent pas. À quoi tient la vigilance de la commission de surveillance !

Les membres de cette instance ne sont pas vraiment très regardants quand il s'agit de financer un sondage ou un think tank. Mais il y a un domaine dans lequel leur vigilance ne doit être prise en défaut sous aucun prétexte : ce sont les subventions aux universités. Membres de la commission de surveillance de la Caisse, Jean-Louis Beffa et Jean Picq, magistrat à la Cour des comptes, ont ainsi exigé que les dons de la direction générale de la Caisse aux universités se fassent sur des projets pédagogiques précis et non pas à la tête du client. « Un trop grand éparpillement des subventions peut nuire à l'image de l'établissement, qui risque de n'apparaître que comme un banquier que l'on sollicite pour financer ici une chaire de géopolitique, ici le fonctionnement courant de la Conférence des présidents d'université. Au contraire, si la Caisse des dépôts accorde des subventions à des universités présentant des projets sérieux, correspondant à une vision stratégique claire, en mettant ces universités en concurrence pour ne financer que les meilleures, elle jouera pleinement son rôle de soutien face à un enjeu politique majeur », disent-ils à Pierre-René Lemas[1]. On est heureux de découvrir que ceux qui doivent surveiller ce qui est fait avec l'argent des Français peuvent faire preuve de clairvoyance. De temps en temps.

1. P-V de la commission de surveillance, 19 novembre 2014.

Chapitre 6

Comment faire plaisir à Poutine

À la Caisse des dépôts, ce n'est pas tous les jours que l'on a les honneurs du *Spiegel.* Mais ce 4 décembre 2015, Pierre-René Lemas aurait préféré se passer de la lecture de ce très sérieux magazine allemand. Car ce n'est pas pour les belles performances économiques que sa vénérable maison y est citée. L'article est consacré aux entreprises européennes qui aident... Daech. La Caisse est accusée de fournir un soutien logistique – certes indirectement ! – aux djihadistes en Syrie *via* Eutelsat, une entreprise spécialisée dans les transmissions satellites dont elle possède un peu plus de 25 % du capital. Les journalistes du *Spiegel* racontent comment les plus hauts responsables de l'État islamique utilisent les services d'Eutelsat (ainsi que ceux d'autres fournisseurs de téléphones satellites occidentaux) pour leurs communications grâce à plusieurs revendeurs de matériel installés en Turquie, de l'autre côté de la frontière syrienne.

Daech, Kadhafi et Bachar

Deux phrases des journalistes sont particulièrement embarrassantes. « Si elles le voulaient, les compagnies de téléphone satellitaires pourraient couper à tout moment les services utilisés par Daech. » Cette situation est « particulièrement inconfortable pour le gouvernement français qui détient un quart de l'opérateur à travers la Caisse des dépôts, un établissement public ». Trois semaines après les attentats du Bataclan, ces accusations sont rapidement relayées par des centaines de sites internet dans le monde entier. Quant aux dénégations des responsables d'Eutelsat[1], qui expliquent qu'ils n'ont évidemment jamais fourni sciemment d'abonnement à des cadres de Daech, elles sont presque inaudibles.

Ce n'est pas la première fois que la CDC se retrouve indirectement éclaboussée par les agissements d'entreprises dont elle détient des actions ou qu'elle aide financièrement. Au début des révolutions arabes de 2011, elle a été pointée du doigt pour ses participations dans des PME qui ont fait quelques bonnes affaires avec les pires dictatures. Qosmos et Amesys, sociétés dans lesquelles le FSI (Fonds stratégique d'investissement), filiale de la CDC, était entré au capital, fournissaient des logiciels permettant de surveiller les contenus internet et les mails d'opposants à la Syrie de Bachar el-Assad, ainsi qu'à la Libye de Mouammar Kadhafi, et de tout connaître de leurs faits et gestes[2]. Comme dans l'« affaire Eutelsat », la presse

1. Dans les heures qui suivent la publication de l'article, la direction d'Eutelsat diffuse un communiqué expliquant qu'« Eutelsat travaille avec des distributeurs qui fournissent des services d'accès à l'Internet et qu'il n'a pas de contact avec des utilisateurs finaux ».

2. Mises en cause dans plusieurs procédures judiciaires et plaintes notamment de la Fédération internationale des droits de l'homme ou par d'ex-salariés, les deux sociétés (qui travaillent

n'a pas manqué de souligner la présence du coffre-fort des Français dans le tour de table de ces start-up.

Voilà qui fait un peu désordre dans les couloirs de la rue de Lille où, jusque-là, on se flattait de bien connaître Kadhafi, mais seulement pour de nobles motifs. En 2004, la Caisse a en effet détaché l'un de ses cadres les plus brillants à Tripoli pour mettre au point le protocole d'accord entre la fondation du dictateur libyen et les familles des victimes de l'attentat contre le vol UTA de septembre 1989 (il avait fait 170 morts dont 54 Français). La Caisse des dépôts avait été chargée par Jacques Chirac, alors à l'Élysée, de récupérer un peu plus de 400 millions de dollars de la Fondation Kadhafi pour les redistribuer équitablement aux victimes. Une opération qui a permis au dictateur de mettre fin à l'embargo international contre son pays.

Un émir et un oligarque rue de Lille

Si la Caisse n'a évidemment jamais fait d'affaires directement avec Bachar, Daech ou Kadhafi, il est en revanche bien d'autres régimes pas tout à fait démocratiques avec lesquels ses patrons n'ont jamais eu aucun état d'âme à s'afficher... Surtout depuis 2007, l'année où l'institution, jusque-là très franco-française, a été priée de partir à la conquête du monde.

---

aussi pour la DGSE) ne contestent pas la fourniture de logiciels, mais leurs dirigeants affirment avoir cessé leur assistance technique dès le début des manifestations et rendu ainsi les systèmes livrés non opérationnels.

Nicolas Sarkozy a de grands projets pour la Méditerranée ? C'est la Caisse qui s'y colle avec le fonds InfraMed (doté de 385 millions d'euros pour financer des infrastructures en Méditerranée). Avec les pays du Golfe, c'est la même chose.

Le Qatar veut donner un coup de pouce aux banlieues françaises pour faire plaisir au président français ? La CDC est appelée à la rescousse pour cofinancer le projet de l'émirat. Plus récemment, elle s'est aussi alliée avec le prince saoudien Al-Walid (première fortune du monde arabe, la 20e fortune mondiale avec 26 milliards de dollars) et son fonds, la Kingdom Holding Company. Plus ambitieux encore, en 2014 la Caisse a monté un fonds franco-chinois cofinancé par Bpifrance et la Banque publique de développement chinoise.

Le Brésil est à la mode ? Hop, on crée une structure financière avec Brasilia. Et qu'importe si la présidente, Dilma Roussef, a été destituée pour corruption et si le pays traverse l'une de ses plus graves crises économiques.

Et le Kazakhstan ? Il ne faut pas l'oublier. Son président depuis 1990, Noursoultan Nazarbaïev, semble adoré par sa population (en avril 2015, il a été réélu pour la quatrième fois avec 97 % des voix !). Lorsqu'il était à l'Élysée, Nicolas Sarkozy s'est démené comme un beau diable pour favoriser les échanges avec ce pays. Alstom y a vendu 295 locomotives, 45 hélicoptères Eurocopter. Il y a même eu des accords nucléaires et pétroliers. La Caisse des dépôts ne pouvait pas rester à l'écart.

Lors d'un voyage de Nicolas Sarkozy à Astana, la capitale kazakhe, elle a donc signé un protocole d'accord de coopération avec Samruk-Kazyna, le fonds souverain du pays, dirigé par le gendre du président. Une structure gigantesque, qui contrôle 53 % du PIB de l'ex-République soviétique. Manque de chance pour la Caisse, quelques mois après la signature, le président mettait fin aux fonctions du mari de sa seconde fille, Dinara Nazarbaïeva, soupçonné d'avoir blanchi en Suisse des sommes colossales provenant de la vente illégale d'actifs pétroliers et gaziers étatiques et d'avoir touché quantité de pots-de-vin. Vraiment dommage.

Le poulain de Bernadette

Mais le responsable de l'international à la Caisse des dépôts n'est pas homme à se décourager. La preuve : il a escaladé l'Everest et traversé la cordillère des Andes, des exploits qu'il raconte en détail sur son blog personnel. Laurent Vigier, énarque, agrégé d'histoire et normalien, aime aussi les hauts sommets de la République. En 2007, alors qu'il était à l'Élysée auprès de Jacques Chirac, qu'il conseillait pour les affaires économiques, il a tenté de se faire élire député. Après avoir obtenu l'investiture de l'UMP aux législatives dans la circonscription de Montreuil (Seine-Saint-Denis), il a eu droit aux honneurs de Bernadette Chirac, venue inaugurer sa permanence électorale. La première dame a fait les choses en grand : pendant sa visite, elle a même passé un coup de fil à son mari pour qu'il encourage son poulain devant les journalistes. Malgré tous ces efforts, Laurent Vigier n'a pas été élu à l'Assemblée nationale. Mais il a trouvé refuge à la CDC. C'est son ancien collègue à l'Élysée, Augustin de Romanet, qui lui a fait signe pour venir s'occuper de l'international à ses côtés. Après tout, la Caisse c'est quand même beaucoup mieux que l'Assemblée et la circonscription de Montreuil pour faire de beaux voyages aux quatre coins du monde. D'ailleurs, peu de temps après son arrivée à l'Élysée, Nicolas Sarkozy décrète que la Caisse doit se trouver dans son sillage lorsqu'il se déplace pour rencontrer ses homologues. Il a de grands projets pour elle. Il veut absolument qu'elle investisse en Russie pour célébrer sa belle entente avec Vladimir Poutine.

En juin 2010, le vœu présidentiel est exaucé. Laurent Vigier a travaillé de longs mois sur l'opération et son patron, Augustin de Romanet, peut se rendre à Moscou pour signer une joint-venture entre Egis, une filiale de la CDC, et VEB-Evraziyskiy, qui dépend de la Banque de développement russe. Objectif: mettre au point des projets d'infrastructures dans l'eau, l'assainissement, les transports, l'énergie et le bâtiment en Russie. Mais ce n'est qu'une toute petite opération par rapport aux ambitions de Vladimir Poutine et Nicolas Sarkozy pour sceller l'amitié entre la France et la Russie.

À chacune de leurs rencontres, les deux présidents parlent d'un grand projet déjà évoqué il y a plusieurs décennies par Leonid Brejnev et Georges Pompidou : la création de plusieurs stations de sports d'hiver partout dans le Caucase avec l'aide de la France. Vladimir Poutine, qui vient de décrocher l'organisation des JO d'hiver à Sotchi en 2014, a fait de la compétition sportive le symbole de sa toute-puissance. Il a même annoncé que les investissements dans les stations de ski du Caucase pourraient représenter 15 milliards d'euros. Le problème, c'est qu'il n'est pas du tout prêt à recevoir des centaines d'athlètes du monde entier. Et Nicolas Sarkozy a très envie de l'aider.

Une station de ski chez les Tchétchènes

Quel heureux hasard ! Les sports d'hiver, c'est justement une des spécialités de la Caisse des dépôts. La Compagnie des Alpes, l'une de ses filiales, est même leader mondial du secteur. Elle gère les remontées mécaniques de Chamonix, de Val-d'Isère, de Tignes, de La Plagne, des Arcs, de Méribel, de Serre-Chevalier… Laurent Vigier, qui aime tant la montagne, se sent pousser des ailes. Le président russe veut créer sept stations d'ici à 2020, avec 1 100 kilomètres de pistes. Il doit en être !

En septembre 2011, Laurent Vigier signe donc un accord pour la création d'une joint-venture franco-russe chargée de coordonner l'ingénierie du projet. International Caucasus Development (ICD) est née. La société est immatriculée… aux Pays-Bas, sans que cela gêne le moins du monde les dirigeants de la CDC. Détenue à 49 % par France-Caucase (c'est le fonds qui héberge la participation de la CDC) et à 51 % par Northern Caucasus Resorts (NCR), propriété à 98 % de l'État russe, ICD est le fer de lance du Courchevel du Caucase et Laurent Vigier en est immédiatement nommé vice-président.

Sur le papier, les rôles de chacun sont clairement définis : Les Russes apportent 2 milliards de dollars et vendent les stations à la clientèle (russe). Les Français, eux, font le tour du monde pour trouver des fonds auprès d'investisseurs internationaux – on évoque 30 milliards de dollars et non plus les 15 annoncés par Vladimir Poutine !

Et quand, dans les couloirs de la rue de Lille, certains s'inquiètent de cette aventure russe, Laurent Vigier hausse les épaules. La Caisse n'a, elle-même, investi que 9 millions d'euros dans l'opération. Il n'y a donc rien à craindre. D'ailleurs, il en est sûr : la CDC peut récupérer son investissement à tout moment. Il plaide que ce projet a été créé pour « désenclaver cette région. Pour la sortir du chômage, de la pauvreté et donc de l'instabilité, le développement économique est le meilleur moyen ». Et d'ailleurs, il a les encouragements de Michel Bouvard, le président de la commission de surveillance, un élu des montagnes de Savoie qui aimerait beaucoup que les entreprises de sa région (à commencer par les fabricants de télésièges) profitent de beaux contrats avec la Russie.

En attendant les 30 milliards de dollars dont rêve Poutine pour créer ses domaines skiables, la Compagnie des Alpes se démène. Elle donne un coup de main à la station de Roza Khoutor, située non loin de la Tchétchénie. Elle signe un contrat de vingt-cinq ans d'aide au management et développement, avec Interros, le holding de l'oligarque Vladimir Potanine à qui le Kremlin a demandé de financer (pour 1,8 milliard d'euros tout de même) cette station qui doit accueillir certaines des disciplines olympiques aux JO de 2014. Une demande à laquelle l'ex-premier vice-Premier ministre de la Fédération de Russie (1996-1997), devenu homme d'affaires (sa fortune est estimée à 11 milliards d'euros), n'a pas osé dire non.

Monsieur Russie

Comme les choses ne vont pas assez vite à son goût, Nicolas Sarkozy trouve rapidement un homme de l'art pour aider la Caisse dans ses démarches au pays de Pouchkine. Dans une lettre au président russe du 17 janvier 2011, il désigne un banquier de Lazard comme son homme de confiance. Jean-Pierre Thomas est un ami de toujours. Député (PR) des Vosges de 1993 à 1997, il était le trésorier du Parti républicain qui regroupait dans les années 1990 la droite libérale sous la houlette de François Léotard. À ce titre, il a largement contribué à la campagne présidentielle d'Édouard Balladur, en 1995, aux côtés de Nicolas Sarkozy. Passé quelques déboires judiciaires – juste après la victoire de Jacques Chirac, le juge Halphen a découvert 2,4 millions de francs en coupures de 500 francs dans son bureau, ce qui lui a valu quinze mois de prison avec sursis pour financement illégal de parti –, Jean-Pierre Thomas s'est découvert une passion pour la taïga et la toundra russe où il va souvent chasser.

Grâce à son statut de « Monsieur Russie du président », lorsque la Caisse fait des affaires à Moscou et dans le Caucase, Jean-Pierre Thomas est aux premières loges. En 2011, alors qu'Augustin de Romanet vient de signer un accord avec le gouvernement russe au forum économique de Sotchi, ce banquier au brushing impeccable est évidemment tout sourire sur la photo avec Vladimir Poutine. L'ambiance se gâte avec l'arrivée de François Hollande à l'Élysée. Jean-Pierre Thomas perd immédiatement son titre de « Monsieur Russie ». Mais pour l'essentiel, rien ne change : le nouveau président veut lui aussi faire plaisir à Vladimir Poutine.

Le vin de Hollande et la vodka de Poutine

En février 2013, François Hollande se rend au Kremlin. On y parle beaucoup de Syrie (Moscou soutient Bachar el-Assad, tandis que Paris veut sa perte) et les positions françaises font sourire le président russe. « Il me semble qu'il est impossible d'y voir clair non seulement sans une bouteille de bon vin, mais sans une bouteille de vodka », plaisante Poutine devant le président français lorsque les deux hommes évoquent ce qui se passe à Damas. On n'évoque évidemment pas non plus beaucoup les droits de l'homme, ce serait inconvenant. « Je n'ai pas à juger, je n'ai pas à évaluer, j'ai simplement à constater. Et lorsqu'il y a des manquements, je le fais. Et je le fais pour qu'ils soient réglés, et non pas pour qu'ils soient simplement brandis », explique crânement Hollande qui, comme son prédécesseur, préfère parler contrats et stations de ski.

Pour célébrer la belle entente entre les deux pays, la CDC est une nouvelle fois sollicitée. Pendant le voyage officiel de février 2013, sous l'œil des deux présidents, Laurent Vigier est encore l'homme de la situation. Il signe un accord avec la banque russe Vnechekonombank et le Fonds russe des investissements directs. Objectif: « stimuler les investissements entre la France et la Russie ». François Hollande est ravi : « Il est souhaitable qu'il y ait avec la Caisse des dépôts et consignations un fonds souverain russe, ou plusieurs, un partenariat de manière à ce que nous puissions développer les investissements. L'enjeu est simple : être davantage présent sur le marché russe, exporter davantage, créer des emplois, attirer des capitaux russes en France. »

Et comme Moscou ne fait jamais dans la demi-mesure, le Kremlin n'a rien trouvé de mieux que de mettre Dominique Strauss-Kahn dans la boucle en le nommant représentant de la Russie au conseil d'administration du Fonds des investissements directs. DSK est en effet depuis longtemps un ami de la Russie : quelques mois plus tôt, l'ancien directeur du FMI a fait son entrée comme administrateur du groupe pétrolier d'État Rosneft. Laurent Vigier a donc un voisin supersympa pour représenter les intérêts de Poutine[1].

La bérézina

Malgré les efforts du président de CDC International, l'aventure tourne rapidement au désastre. C'est une déconfiture totale. Contrairement à ce que les autorités russes essayent de faire croire, la région n'est pas si pacifiée que cela. En 2012, plus de 363 « rebelles » islamistes et 200 policiers ont été tués. Les équipes d'Egis, une filiale de la CDC, envoyées sur place pour les premières reconnaissances d'ingeniering, doivent se déplacer en véhicules blindés avec une escouade de gardes du corps pour éviter un attentat ou une prise d'otage.

La vie des affaires en Russie n'est pas vraiment de tout repos. Mais Laurent Vigier sait s'adapter. Vice-président d'International Caucasus Development, il dirige l'entreprise avec Ahmed Bilalov, un oligarque du Daguestan,

1. Laurent Vigier a confié aux auteurs qu'il avait démissionné de ce conseil au début de l'année 2016.

une petite République voisine de la Tchétchénie, qui est aussi le vice-président du Comité international olympique russe. Entre Vigier et l'homme des montagnes du Caucase, c'est la folle amitié. Le directeur international de la Caisse parvient même à faire recevoir l'oligarque à l'Élysée.

Mais en 2013, quelques mois avant les JO, en visitant les équipements sportifs dont il rêvait, Poutine est atterré par les retards et les dépassements de coûts vertigineux, et débarque du jour au lendemain l'ami de Laurent Vigier. Pire, la justice russe ouvre une enquête pour corruption en reprochant à Bilalov d'avoir détourné plus de 1,5 million de dollars, ainsi que des montants exorbitants de voyages à l'étranger (65 000 dollars d'hôtel à Londres pendant les JO). Sitôt sa disgrâce prononcée, l'oligarque du Daguestan a préféré prendre la fuite à Berlin pour échapper aux foudres du Kremlin et surtout pour se faire soigner : il a découvert qu'on avait tenté de l'empoisonner. Laurent Vigier l'a échappé belle !

Petit à petit, la Caisse comprend qu'elle va devoir réviser un peu ses ambitions dans le Caucase. Il était temps ! Sur la pointe des pieds, elle ferme la co-filiale et son entreprise France-Caucase, créée deux ans plus tôt et récupère son investissement de base. Petit à petit aussi, l'amitié franco-russe en prend un sacré coup : rien ne va plus avec Vladimir Poutine. En janvier 2014, c'est la révolution en Ukraine, l'annexion de la Crimée et la guerre dans le Donbass.

Pendant quelques semaines, Laurent Vigier tente pourtant de convaincre Emmanuel Macron, alors à l'Élysée, qu'il ne faut pas imposer de sanctions et décréter un embargo sur la Russie. Mais chez François Hollande comme au Quai d'Orsay personne n'écoute celui qui adore rappeler qu'il a dîné à cinq reprises avec Vladimir Poutine (avec d'autres participants). Il faut mettre fin à la campagne de Russie. Tant qu'il s'agissait de droits de l'homme, on pouvait fermer les yeux. Mais ce qui se passe en Ukraine scandalise toute l'Union européenne. La France ne peut pas être en reste. Et puis, VEB, la banque avec laquelle la Caisse fait l'essentiel de ses affaires, n'est pas au mieux de sa forme. Le bras armé financier de l'État russe affiche 18 milliards de dettes au compteur et les marchés ne veulent plus lui prêter un kopeck.

Avec la Russie, les affaires se mettent donc progressivement en sommeil. Mais pas avec les autres pays avec qui la Caisse a noué des relations. L'idée est de continuer à développer des liens avec eux, si possible pour qu'ils investissent en France ! Au fil du temps, les folles ambitions de la CDC à l'international inquiètent pourtant les membres de la commission de surveillance, l'organe de contrôle qui réunit députés, sénateurs et personnalités qualifiées.

Arrière toute !

Ceux-ci commencent à trouver que la mission première de la Caisse n'est peut-être pas d'aller faire des affaires avec des émirs ou des oligarques. Ces ambitions internationales leur donnent évidemment quelques sueurs froides. En septembre 2014[1], lors d'une réunion, Jean-Louis Beffa, l'ancien patron de Saint-Gobain qui siège à la commission de surveillance comme personnalité qualifiée, met les

1. Séance de la commission de surveillance du 10 septembre 2014.

pieds dans le plat et pose une série de questions précises sur les activités de CDC International en recommandant de « procéder à une surveillance attentive » de cette filiale. Beffa s'inquiète notamment des risques de blanchiment.

Laurent Vigier explique qu'il n'y a vraiment pas de quoi fouetter un chat, avec cette langue de bois dans laquelle les énarques excellent : « Compte tenu de la nature particulière de ses contreparties, CDC International Capital accorde une attention renforcée aux procédures relatives à la lutte contre le blanchiment et le financement du terrorisme, ainsi qu'au respect des exigences sociales, environnementales et de gouvernance. » D'ailleurs, il a même fait venir un ancien de l'AMF, l'Autorité des marchés financiers, le gendarme de la Bourse, dans son équipe, ainsi qu'un cadre de la direction des risques de la CDC.

Vigier met en avant les « procédures de maîtrise des risques et de règles déontologiques strictes » qu'il a mises en place. Quant à la « fréquentabilité » (*sic*) de ses partenaires, « CDC International vérifie systématiquement si les relations d'affaires figurent sur des listes d'embargo ou d'interdictions européennes et internationales ». Quelques semaines plus tard, lors d'une autre séance de la commission de surveillance, Laurent Vigier prend à nouveau la défense de ses relations étrangères. « Les fonds souverains, bien qu'ils agissent dans l'immense majorité des cas comme des acteurs financiers neutres, ne sont pas des fonds de pension banalisés. Dès lors, ils doivent être appréhendés avec une certaine précaution, en particulier dans les pays à capitalisme d'État. Dans tous les cas, ces fonds demeurent des investisseurs financiers, c'est-à-dire qu'ils possèdent une culture très anglo-saxonne, avec des équipes issues, le plus souvent, des grandes banques d'affaires américaines. D'ailleurs, les dirigeants de ces fonds souverains – qu'ils viennent du Golfe, de la Russie post-soviétique ou de Chine – ont tous effectué leurs études aux États-Unis. » Il suffisait d'y penser : puisque les oligarques russes, chinois ou saoudiens qui travaillent main dans la main avec la CDC ont fréquenté Stanford ou Harvard, ils ne peuvent être fondamentalement mauvais. Nous voilà rassurés ! Ce que ne précise pas Laurent Vigier aux membres de la commission de surveillance, c'est comment se dit « Bisounours » en russe.

Chapitre 7

Le charme discret du développement

Fin août 2015, François Hollande crée donc la surprise en évoquant le « rapprochement » de l'Agence française de développement (AFD) avec la Caisse des dépôts : « J'ai décidé, en liaison avec le ministre des Affaires étrangères et le ministre des Finances, une réforme importante en rapprochant l'Agence française de développement du groupe de la Caisse des dépôts », expose-t-il. L'AFD est l'héritière de la Caisse centrale de la France libre créée en décembre 1941, à Londres, par le général de Gaulle. L'ordonnance qui l'institue précise qu'elle est chargée « d'émettre et de faire émettre ou de prendre en charge les billets dans les territoires de la France libre ». C'est en quelque sorte l'institut d'émission et l'embryon de Trésor public mis au service de la reconquête face à l'ennemi nazi. Devenue en 1944 la Caisse centrale de la France d'Outre-Mer, elle voit son rôle décroître au fur et à mesure de la décolonisation. Il faut toutefois attendre 1992 pour que sa mission soit clarifiée, et 1998 pour qu'elle soit rebaptisée « Agence française de développement ».

Dès lors, elle devient le bras armé de l'aide publique au développement de la France. Impliquée aussi bien dans la lutte contre la pauvreté que dans le développement durable, elle investit dans des programmes liés à l'éducation, à la santé, à l'énergie, à l'agriculture, aux transports ou encore aux télécommunications, afin de désenclaver les régions les plus isolées.

Sa principale zone d'intervention est l'Afrique subsaharienne (3,1 milliards d'euros de financements en 2015), suivie de l'outre-mer (1,6 milliard d'euros), de l'Asie-Pacifique (1,4 milliard d'euros), de la Méditerranée et du Moyen-Orient (1,2 milliard d'euros), et enfin de l'Amérique latine et des Caraïbes (1 milliard d'euros de financement).

Cherche quelques milliards, désespérément

Et en cette fin d'été 2015, François Hollande est ennuyé. Il y a bien assez de promesses qu'il n'a pas tenues. Et celle qui est contenue dans l'engagement numéro 57 qu'il a pris pendant la campagne de 2012 risque de lui être opposée à tout moment. Elle stipule qu'il va, durant son quinquennat, agir « pour une aide accrue aux pays en développement ». Un danger d'autant plus grand que le 1er mars 2013, devant les « Assises du développement », il a carrément énoncé un objectif chiffré : consacrer 0,7 % du revenu national brut à l'aide publique au développement, selon le vœu des Nations unies. Or, deux ans plus tard, cette aide plafonne à 0,37 %, soit à peine plus de la moitié des prétentions françaises.

Pour ne rien arranger, la COP21 se tient à Paris du 30 novembre au 11 décembre 2015. C'est pour le chef de l'État, déjà très bas dans les sondages, une occasion unique d'apparaître à son avantage en brillante compagnie.

Mais une occasion coûteuse, forcément coûteuse. Car la France doit montrer l'exemple.

Le 28 septembre 2015, lors du sommet sur le développement durable organisé par l'ONU à New York, François Hollande annonce donc l'augmentation de 4 milliards d'euros, à l'horizon 2020, des engagements de l'AFD, dont 2 milliards consacrés à des financements climat. De belles paroles qui n'abordent pas la question fondamentale : où trouver l'argent ?

De plus, les normes prudentielles édictées après la crise financière de 2008, et régulièrement réactualisées depuis, obligent les banques à détenir un certain ratio des crédits qu'elles accordent en fonds propres, et modulent ce ratio en fonction du risque attaché aux différents prêts. Elles sont toujours plus draconiennes. Or, l'AFD est soumise à ces règles, dites de Bâle III. Pas la Caisse, qui doit simplement maintenir ses fonds propres dans un « corridor ». De toute façon, elle est riche. C'est sa principale qualité aux yeux de l'exécutif.

Et l'Agence française de développement a besoin d'argent, tandis que l'État impécunieux ne voit pas comment lui donner les 3 à 4 milliards dont elle a besoin pour non seulement maintenir son action mais aussi l'augmenter, notamment dans le domaine des financements climat.

Les fourberies de Sapin

A priori, l'idée de François Hollande n'est pas absurde. Après tout, l'Allemagne et l'Italie ont intégré l'organisme chargé de financer des programmes de développement à l'étranger dans l'équivalent de leur Caisse des dépôts. Mais ces deux exemples ne sont pas véritablement transposables. La KfW[1] en Allemagne et la Cassa di Prestiti e Depositi en Italie sont en effet directement contrôlées par l'exécutif. L'institution italienne est même une filiale à plus de 80 % du ministère de l'Économie et des Finances. La Caisse, elle, est indépendante du gouvernement, c'est même sa marque de fabrique. De plus, dans les structures allemande et italienne, les « Caisses » exercent une pleine tutelle sur l'agence à vocation internationale, ce qui ne soulève aucune difficulté, puisque les sociétés mères (la KfW en Allemagne et la Cassa di Prestiti e Depositi en Italie) sont elles aussi placées sous la dépendance de l'exécutif. C'est un problème de taille, que le président de la République feint d'ignorer.

Mais le principal problème, celui qui représente une transgression absolue, c'est que la Caisse des dépôts n'a pas été consultée sur ce mariage arrangé. Son directeur général, Pierre-René Lemas, y a certes fait travailler ses équipes, mais il a été le premier surpris en entendant les annonces du chef de l'État à la conférence des ambassadeurs. Quant à la commission de surveillance, elle a été totalement tenue à l'écart. Il ne s'agit pourtant pas d'un détail : un tel « rapprochement » risque de modifier très sensiblement le centre de gravité de la CDC, en lui greffant, selon des modalités auxquelles personne n'a réfléchi, une nouvelle entité qui ne répond pas du tout

1. Kreditanstalt für Wiederaufbau, soit en français « établissement de crédit pour la reconstruction », qui a joué un rôle majeur dans la réunification et le soutien à l'économie de l'ex-Allemagne de l'Est.

aux mêmes règles de fonctionnement qu'elle. L'AFD, bras séculier de l'État pour l'aide au développement, est doublement sous la tutelle directe du pouvoir exécutif: celle de la direction du Trésor pour les financements, celle du ministère des Affaires étrangères pour les orientations stratégiques. La Caisse des dépôts, elle, répond, selon la lettre et l'esprit de la loi, devant le seul Parlement et doit bien se garder de céder aux caprices de l'Élysée, de Matignon, de Bercy ou du Quai d'Orsay. L'union ne paraît donc pas évidente.

Intrigues en coulisses

Pourtant, dès le 12 septembre 2015, le chef de l'État poursuit sa nouvelle lubie et confie à Rémy Rioux, ancien directeur de cabinet de Pierre Moscovici à l'Économie et aux Finances et secrétaire général adjoint du ministère des Affaires étrangères, une « mission de préfiguration » du rapprochement qu'il appelle de ses vœux. Il n'échappe à personne, parmi les initiés, que Rémy Rioux désire prendre la tête de l'AFD. Ce protégé de Laurent Fabius en fait des tonnes, dès que lui échoit cette mission, pour mettre sur la touche la directrice de l'Agence, l'inspectrice des finances Anne Paugam, pourtant à ce poste depuis moins de trois ans. En clair, il est chargé d'imaginer les contours de la future structure dont il deviendra le patron, en toute objectivité bien entendu.

Quant au sommet de l'exécutif, il veut tout simplement faire supporter à la Caisse le financement d'un organisme budgétivore qu'il n'a plus les moyens d'entretenir. Comme un dandy indélicat extorquerait des faveurs à une vieille dame qui n'a plus toute sa tête, il veut s'essayer à l'abus de faiblesse. Et Rémy Rioux favorise un tel dessein, à condition évidemment de garder les pleins pouvoirs quand il aura réussi à se hisser à la tête de l'AFD. Pas question, donc, d'envisager que l'Agence française de développement soit intégrée à la Caisse au point de perdre son autonomie.

Le « préfigurateur » avance à grandes enjambées. Le 11 janvier 2016, il remet son rapport[1] à François Hollande. Le ton ne manque pas d'assurance : « La mission de préfiguration recommande d'intégrer par la loi l'AFD au sein du groupe CDC, en étendant le mandat de ce dernier à la politique de développement et de solidarité internationale. » Il s'agirait presque de rendre service à la Caisse : « La capacité du groupe CDC à se développer à l'international, *via* l'AFD au premier chef, trouverait ainsi une pleine reconnaissance. » Mais quelle structure dirige l'autre ? En d'autres termes, qui est le chef ? C'est là que se mesure toute l'habileté de l'énarque Rioux : « Une gouvernance croisée permettrait d'aligner les deux structures et de faire de l'AFD, qui conserverait son statut d'EPIC [établissement public à caractère industriel et commercial][2], plus qu'une simple filiale. Cette intégration au sein de la CDC ne ferait pas obstacle au maintien indispensable d'un lien fort avec l'État. » Quand ils découvrent ce texte, les membres de la commission de surveillance sont stupéfaits

1. Rémy Rioux, « Rapprocher l'AFD et la CDC au service du développement et de la solidarité internationale », Rapport au président de la République, janvier 2016.

2. Autrement dit qui garderait un statut juridique autonome.

par tant de toupet : Rémy Rioux veut être abrité par la Caisse, mais sans lui rendre le moindre compte. Il veut tous les avantages, mais aucune des servitudes qui y sont habituellement associées.

Quand celui-ci vient défendre sa recommandation devant cette instance, le 27 janvier 2016, l'atmosphère est plus que tendue. Les participants sont naturellement mécontents d'avoir été tenus à l'écart de ce chantier. Mais, en plus, ils ne parviennent pas à imaginer à quoi pourrait ressembler l'usine à gaz qui leur est présentée. Une gouvernance croisée ? Mais encore ? Une intégration dans la Caisse, mais en maintenant un lien fort avec l'État ? Que devient, alors, l'autonomie de la Caisse qui ne doit rendre de comptes qu'au Parlement ? Henri Emmanuelli laisse éclater sa colère et informe l'Assemblée qu'il va écrire à François Hollande pour lui dire le fond de sa pensée sur ce montage qui met l'institution qu'il est chargé de protéger en péril sans rien lui apporter. La vieille dame, présumée « riche et conne », se défend avec plus d'énergie que prévu.

La montagne et la souris

Pour une fois complices et alliés, Henri Emmanuelli et Pierre-René Lemas entament une vaste action de sensibilisation. Ils ne manquent pas d'arguments, et ne se privent pas de poser les questions qui fâchent : Pourquoi la Caisse investirait-elle dans une entité qui n'a, par définition, aucun but lucratif ? Comment justifier que cette activité ne dégage aucune rentabilité ? Et surtout, comment expliquer que l'argent du livret A soit utilisé au développement de pays étrangers ? Pierre-René Lemas plaide pour une intégration pure et simple de l'AFD dans la CDC, mais Bercy s'y oppose : le Trésor, qui exerce la tutelle sur l'agence de développement, ne veut pas perdre la haute main sur un de ses appendices administratifs. Il préfère donc puiser plusieurs milliards dans le budget de l'État pour recapitaliser lui-même l'AFD plutôt que de laisser ce soin à la Caisse. Un étrange arbitrage !

Pour tenter d'y voir plus clair, deux sénateurs, Fabienne Keller (LR, Bas-Rhin) et Yvon Collin (RDSE, Tarn-et-Garonne), se lancent dans une mission d'information. Ils auditionnent de nombreuses personnalités, et publient un rapport exhaustif en avril 2016. Pierre-René Lemas plaide pour une intégration pure et simple de l'AFD à la CDC, mais Bercy s'y oppose : le Trésor ne veut pas perdre la haute main sur une de ses dernières dépendances. Il préfère puiser plusieurs milliards dans le budget de l'État plutôt que de confier à la Caisse le pilotage de l'AFD.

Ils confirment, en termes très diplomatiques, que l'AFD est contrainte financièrement par un « ratio grands risques » pour les engagements auprès d'une certaine catégorie de débiteurs. « Les projections montrent que le plafond serait dépassé dès 2019 au Nigeria, au Brésil, au Maroc et en Colombie », écrivent les deux sénateurs dans la synthèse du rapport d'information qu'ils ont rédigé au nom de la commission des finances[1]. « Conjuguée à l'objectif d'augmenter de 4 milliards d'euros ses engagements, poursuivent-ils, cette contrainte rend nécessaire une hausse

1. « Pour un rapprochement ambitieux de l'AFD et de la CDC », Rapport d'information de la commission des finances, Sénat, avril 2016.

des fonds propres de l'agence, d'un montant que l'on peut estimer à 2,5 milliards d'euros environ en 2020. »

Mais surtout ils soulignent, dans leurs conclusions, ce qu'ils appellent le « triangle d'incompatibilité » des scénarios de rapprochement, qui sont tous censés répondre à un triple objectif – maximiser les synergies entre les deux institutions, maintenir le lien direct entre l'État et la politique de l'AFD, respecter le modèle financier de la Caisse.

Pour résumer simplement leur constat, il est impossible de marier deux institutions dont l'une dépend de l'exécutif et l'autre pas. Et encore plus insensé de vouloir le faire sans contrat, dans une sorte de concubinage très flou, matérialisé seulement par une « gouvernance croisée », qui ne rime à rien juridiquement. Ils proposent donc d'inscrire dans la loi le principe de l'intégration de l'AFD à l'établissement public Caisse des dépôts sous la forme d'une nouvelle section, à l'image de celle des fonds d'épargne où est géré le produit du livret A, du livret bleu, du livret de développement durable…

Ils appellent, pour préparer les esprits, à se limiter dans un premier temps à la création d'un fonds d'un montant de 500 millions d'euros consacré entre autres au montage de projets d'infrastructures en Afrique, piloté conjointement par les deux institutions. Ils déplorent aussi que les annonces successives du chef de l'État soient tombées aux oubliettes, car entre-temps l'exécutif a fait machine arrière : « Le président de la République avait annoncé en janvier dernier[1], lors du lancement du bicentenaire de la Caisse des dépôts, qu'un projet de loi sur le rapprochement serait

1. En janvier 2016, donc.

discuté devant le Parlement dès le premier semestre 2016 et une disposition en ce sens était attendue dans le projet de loi sur la transparence, la lutte contre la corruption et la modernisation de la vie économique (dit “Sapin II”), écrivent-ils. Mais le texte délibéré en Conseil des ministres le 30 mars dernier ne comporte aucune disposition en ce sens. À ce stade, le gouvernement n'a donné aucune explication de cet abandon. »

La situation est bloquée. Le rapprochement annoncé avec de grands effets de manches, et dans deux circonstances très solennelles – la Conférence annuelle des ambassadeurs, puis le bicentenaire de la Caisse des dépôts –, a été enterré sans tambour ni trompette. Le 6 décembre 2016, les deux institutions ont signé une convention qui n'engage pas à grand-chose : 500 millions sont budgétisés par la Caisse pour financer des dossiers de développement dont elle garde la maîtrise ; les mobilités entre les deux institutions pour initier une « fertilisation croisée » des cultures d'entreprise sont envisagées. Exactement ce que préconisaient les deux sénateurs dans leur rapport. À ce rythme-là, l'ensemble de l'Afrique sera sortie du sous-développement avant qu'en France tout le monde se soit mis d'accord sur le contrat de mariage entre l'AFD et la Caisse. La montagne hollandaise de la fin de l'été 2015 a accouché d'une minuscule souris. À deux détails près. D'une part, la recapitalisation de l'AFD, qui n'est pas supportée par la Caisse, coûte 3,4 milliards d'euros à l'État[1]. D'autre part, Rémy Rioux est très content. Depuis juin 2016, il est à la tête de l'AFD.

1. Par la transformation de prêts en quasi-fonds propres.

Chapitre 8

Et soudain, l'ogre dévora sa proie…

Ce 18 février 2011, dans les locaux de la commission de surveillance de la Caisse, Augustin de Romanet fait l'éloge d'un homme. Cette personne est bien vivante, mais le discours du directeur général de la Caisse ressemble à une oraison funèbre. Les comptes rendus de la séance en attestent. Sans beaucoup forcer l'imagination, on devine presque les trémolos dans sa voix. « M. de Romanet indique que la Caisse des dépôts a été amenée à prendre une décision très difficile au début du mois de février. Cette décision a consisté à demander à M. Lebreton et M. du Pelloux, respectivement président-directeur général de Transdev et directeur général de Veolia Transport et tous deux voués à exercer un exécutif dual dans le nouvel ensemble Veolia-Transdev, de s'apprêter à céder leurs places à M. Gallot. » Le directeur général semble vraiment, vraiment désolé : « M. de Romanet indique avoir informé le président-directeur général de Veolia[1] qu'il ne pouvait envisager cette hypothèse qu'à la condition que M. Lebreton, qui a beaucoup œuvré pour Transdev, puisse à tout le moins demeurer dans le nouveau groupe

1. Il s'agit d'Antoine Frérot, qui a succédé à Henri Proglio.

en tant que vice-président.» À ce stade, on comprend donc qu'un dirigeant compétent vient d'être débarqué, mais qu'il serait tout de même injuste qu'il se retrouve à Pôle emploi. «M. de Romanet précise qu'il est hors de question que cette décision nuise à M. Lebreton, mais qu'au-delà de ces questions matérielles qui seront réglées honorablement pour lui, il estime qu'il serait utile à la société que M. Lebreton puisse [...] garder un bureau dans la société pour partager son expérience avec le nouveau directeur général. M. de Romanet expose que cette décision n'a pas été prise de gaîté de cœur, car M. Lebreton n'a pas démérité, mais qu'elle a été prise dans l'intérêt de Transdev.»

Un licenciement

Le «défunt» s'appelle donc Joël Lebreton. C'est lui qui, avant la fusion avec la division transport du groupe Veolia, dirigeait Transdev. Lors de cette fusion entamée deux ans plus tôt, il avait été convenu que le patron de Transdev ainsi qu'un cadre de Veolia (Cyrille du Pelloux) piloteraient ensemble le nouveau groupe.

Tout semblait clair: la fusion devait donner naissance à un géant du transport collectif, fort de 120 000 salariés, 8 milliards d'euros de chiffre d'affaires, 60 000 véhicules, 27 réseaux de tramways... Le numéro un mondial du secteur, après les plus grandes compagnies de chemin de fer.

Côté Transdev, la corbeille de la mariée est magnifique: en Allemagne, cette filiale de la Caisse gère les chemins de fer régionaux MittelrheinBahn. En Côte-d'Or, les performances des 195 bus ont permis, disent les élus, de désenclaver plusieurs zones du département et de redynamiser le tissu industriel. Même chose en Savoie et un peu partout en France. L'entreprise réalise 2,5 milliards de chiffre d'affaires. Elle compte 47 000 salariés, 15 624 bus et 542 rames de métro. Depuis peu, elle s'est lancée à la conquête du monde : après les Pays-Bas, l'Espagne et l'Italie, Transdev regarde maintenant vers les États-Unis. Son problème, c'est sa taille et sa dispersion. La société est trop petite et composée d'unités qui travaillent chacune dans son coin.

Côté Veolia, le tableau est plus contrasté. Le département transport du numéro un de l'environnement est bien plus gros que Transdev et réalise un chiffre d'affaires beaucoup plus important. Grâce aux innombrables contrats que Veolia a décrochés aux quatre coins du monde dans le traitement des eaux ou des ordures, cette division est déjà très internationalisée. Veolia Transport est même présent en Australie ! En France, les prestations « environnement » dispensées dans la plupart des grandes villes ont aussi aidé Veolia à devenir un opérateur de bus et de tramway, tandis que Transdev s'est surtout déployé dans des villes moyennes. Seul problème de Veolia : son endettement. Mais ce ne sont, en apparence, que des détails puisque la fusion est présentée à tout le monde comme une superbe opération pour les deux groupes : il y aura des millions et des millions d'euros d'économies grâce aux fameuses « synergies ».

En 2009, un avenir radieux est promis au nouvel ensemble. Pour rassurer les clients – pas les utilisateurs, ceux qui prennent le bus, mais les élus qui ont passé des contrats sur plusieurs années avec l'une ou l'autre des entreprises –, une direction bicéphale est mise en place : Joël Lebreton, l'ex-patron de Transdev, devient P-DG, et Cyrille du Pelloux, de Veolia, est son numéro deux.

Mais l'encre de l'accord n'est pas encore sèche que Veolia tente de prendre le contrôle opérationnel de cette filiale commune. Le groupe privé exige que Joël Lebreton devienne un de ses salariés et lui offre en contrepartie une augmentation très substantielle de sa rémunération et les stock-options qui vont avec. Une proposition très alléchante pour ce dirigeant d'entreprise publique qui n'a jamais goûté à ces délices financiers. Contre toute attente, Lebreton refuse : Transdev il est, Transdev il restera. À partir de cet instant, la moindre peccadille devient un sujet de conflit majeur : le nouveau logo ressemble trop à celui de Veolia au goût de Lebreton, l'ordre dans lequel les deux marques sont citées donne lieu à des batailles homériques – Transdev-Veolia ou Veolia-Transdev ? Lebreton alerte Romanet, qui l'envoie paître et lui conseille de céder. Mais il s'entête. Frérot lance un ultimatum à Romanet : « Lebreton est insupportable. Soit tu le ramènes à la raison, soit tu le vires. » Le directeur général finit par opter pour la seconde solution, mais n'en est pas très fier.

En effet, il comprend vite que l'ancien patron de Transdev n'avait pas tout à fait tort de sonner l'alarme. La fusion n'est pas si heureuse qu'annoncé. Loin de là. Nommé à la tête d'EDF par Nicolas Sarkozy, Henri Proglio a quitté Veolia. Et son successeur, Antoine Frérot, n'a plus la même stratégie. Avec un endettement d'une quinzaine de milliards d'euros, et en pleine crise financière, les marchés sont impitoyables : ils font plonger le cours de Bourse de Veolia. Même s'il ne l'a pas encore dit publiquement, Antoine Frérot se verrait bien vendre rapidement sa participation dans Veolia-Transdev à un fonds d'investissement. Les dirigeants de la CDC ne le découvriront que plus tard, mais il a même pris langue avec un de ces fonds, Cube, qui est vaguement intéressé, mais n'offre que 350 millions d'euros pour 50 % du capital alors qu'en 2009 Veolia-Transdev était valorisé 1,7 milliard d'euros. Autant dire qu'à peine deux ans après la fusion, l'ensemble a perdu plus de la moitié de sa valeur !

En nommant Jérôme Gallot, un magistrat de la Cour des comptes en disponibilité, qui travaille pour la Caisse depuis quelques années et qui accepte bien volontiers les belles conditions financières de Veolia, Augustin de Romanet tente de pacifier la situation : l'homme est d'allure sérieuse, il connaît bien la culture d'entreprise de Veolia (il a été directeur de la concurrence dans l'administration quelques années auparavant et a arbitré des conflits entre ce qui était autrefois la Générale des eaux et son grand concurrent la Lyonnaise des eaux). Et puis, c'est un ambitieux qui rêve de grimper des sommets. Augustin de Romanet n'en peut plus d'écouter les jérémiades des cadres de Transdev qui se plaignent des mauvais coups de leurs nouveaux collègues de Veolia. Bref, Romanet est vraiment content que Gallot prenne la barre du navire Veolia-Transdev.

Un cycliste

En ce début 2011, Jérôme Gallot est donc un homme heureux. Il vient de décrocher le job de ses rêves, même si sa passion c'est le vélo (chaque été, il grimpe les cols par lesquels le Tour de France est passé). Mais qu'importe, il est enfin le patron d'une grande entreprise. En 2008, il avait été à deux doigts de prendre la direction d'Eiffage. Mais il était tombé sur plus fort que lui. Jean-François Roverato, le fondateur du groupe, s'était employé à lui faire barrage. Cette fois-ci, enfin, son heure a sonné : un grand bureau et un gros salaire.

Depuis le départ de Joël Lebreton, il a les mains libres et il se sent pousser des ailes. Ses clients, les politiques, il en fait son affaire. Il les connaît bien. Il a dirigé les cabinets de Gérard Longuet, José Rossi et Yves Galland dans les gouvernements Balladur puis Raffarin et a su entretenir ses réseaux. Sa proximité supposée avec ses futurs clients fut d'ailleurs son argument de choc pour vendre sa candidature à Augustin de Romanet. Lorsque l'on relit les déclarations qu'il fait à la presse et aux analystes financiers au moment de sa nomination, on est frappé par la confiance qu'il affiche.

Une catastrophe

Cette belle assurance ne suffit pas. Très vite, Veolia-Transdev perd des dizaines de contrats… et des millions d'euros. En 2012, un an après la nomination de Gallot, Nice, Metz, Strasbourg, Cannes dénoncent leurs accords avec le groupe ou ne les renouvellent pas. Ces villes n'ont plus confiance dans ce fournisseur ravagé par la guerre civile. La rumeur s'étend jusqu'aux Pays-Bas, où Transdev perd deux importants marchés cette année-là. En 2013, l'hémorragie s'aggrave encore.

Avec ce résultat : alors qu'en 2010, Veolia et Transdev réalisaient un chiffre d'affaires de 8 milliards d'euros chacune dans son coin, celui du nouvel ensemble tombe à 6,6 milliards en 2012. La marge s'est effondrée. Quant aux synergies qui devaient générer – sur le papier – 70 millions d'euros d'économies, elles ont provoqué un surcoût de 36 millions d'euros en 2011 et 20 millions d'euros en 2012 ! Bientôt, il faut tailler dans les effectifs. Avant la fusion, les deux groupes comptaient près de 110 000 collaborateurs. En 2013, ils ne sont plus que 86 000 ! Sur le terrain, la guerre ne faiblit pas entre les équipes ex-Transdev et ex-Veolia. Avec des conséquences parfois ubuesques. Norbert Coulon en sait quelque chose.

Chevaux de trait contre Veolia

À l'aune des pertes du groupe, l'histoire de Norbert Coulon est évidemment anecdotique. Mais elle en dit long sur la façon dont le nouveau groupe est géré. Cela fait des années que ce petit éleveur de Saint-Malo-de-la-Lande, dans le département de la Manche, se bat pour faire vivre son modeste élevage de chevaux de trait : percherons, cobs normands et autres postiers bretons. En 2009, il affiche un beau sourire dans le quotidien local. Veolia vient de remporter un appel d'offres lancé par le syndicat mixte du Mont-Saint-Michel. Le célèbre lieu touristique ne sera bientôt plus accessible par la route et le conseil général a choisi de mettre en place un service de carrioles à cheval en confiant le contrat à la multinationale de transports.

Pour honorer ce marché pittoresque, c'est vers Norbert Coulon et son élevage que Veolia se tourne. La multinationale s'occupera de tout et le petit éleveur lui louera ses chevaux. Pendant quelques mois, jusqu'en 2011, tout se passe à peu près dans la bonne entente. Veolia fait construire des carrioles (on les appelle des maringotes) et embauche des cochers. Norbert Coulon, lui, se débrouille pour qu'une trentaine de chevaux de trait soient prêts et dressés pour le démarrage des maringotes (il y a tout de même 2,5 millions de visiteurs par an sur le Mont-Saint-Michel).

Mais à partir de 2011, rien ne va plus. Norbert Coulon est consterné. Il ne reconnaît plus ses montures. Ses chevaux sont épuisés, blessés, mal entretenus. Et pour lui, il n'y a aucun doute, ce sont les cochers qui mettent en péril leur santé. Il prévient Veolia qui vient de changer de nom en Veolia-Transdev, se rend fréquemment sur place pour donner des conseils. Puis, comme rien ne change, il envoie des recommandés et fait des constats d'huissiers. Et il n'est pas seul : le Syndicat mixte de la baie du Mont-Saint-Michel, l'association qui regroupe les collectivités territoriales, prend le relais. Elle est très mécontente du service.

Sans doute trop occupés à se faire la guerre, les dirigeants de la multinationale font la sourde oreille. Les équipes de ce qui est devenu Veolia-Transdev n'ont pas le temps de gérer le « dossier Norbert Coulon ». Et ce qui devait arriver se produit : saisis, les juges du tribunal de commerce de Paris se rendent rapidement compte que l'éleveur a entièrement raison. Le Syndicat national des cochers est même venu à son secours en mettant en doute la sûreté des calèches et surtout la compétence de ceux qui les conduisent. Les magistrats condamnent le groupe de transport à verser à l'éleveur… 1,1 million d'euros et soulignent les « manquements commis par la compagnie ».

Dans une multitude d'autres contrats, c'est la même chose : la maison n'est plus tenue. Ainsi, en Allemagne, dans une filiale, il n'y a même plus de dirigeant pendant plusieurs mois parce que personne ne sait si le poste revient à un « ex-Transdev » ou à un « ex-Veolia ». Et, chaque jour, explosent de nouvelles bombes à retardement, à commencer par la SNCM qui, par rapport à l'affaire des chevaux du Mont-Saint-Michel, est d'une tout autre ampleur.

La croisière s'amuse

Petit à petit, Jérôme Gallot découvre que la vie de chef d'entreprise n'est finalement pas si amusante que cela. D'abord parce qu'il doit gérer le dossier « SNCM », une compagnie que Veolia avait pris soin de mettre dans la corbeille de la mariée lors de la fusion avec Transdev. Tous les gouvernements depuis vingt ans s'arrachent les cheveux sur le sujet. Tout magistrat de la Cour des comptes que soit Jérôme Gallot, il ne trouve pas, lui non plus, « la » solution.

De la SNCM, les Français – et pas seulement ceux qui passent leurs vacances en Corse – connaissent surtout le fonctionnement ahurissant. Cette compagnie qui relie la Corse et le continent est sous la coupe de deux syndicats de navigants qui font la pluie et le beau temps sur les navires (celui des travailleurs corses sur l'île et la CGT à Marseille). Certains salariés ont pendant de longues années organisé un trafic de cigarettes, activité sûrement trop prenante pour qu'ils puissent, à côté, assurer un service convenable.

(Et la gestion des bars des navires)

Lors de la fusion, la présence de la SNCM, filiale à 66 % de Veolia Transport, dans le périmètre du futur groupe n'a pas été sérieusement étudiée. Le sujet n'a pas été mentionné dans la note transmise au comité des investissements de la Caisse, ni porté à la connaissance de la commission de surveillance. Veolia avait accepté de verser 129 millions d'euros au titre des dépréciations d'actifs et de risques juridiques spécifiques à la SNCM, et les dirigeants de la Caisse s'en étaient contentés. Ils n'imaginaient sûrement pas qu'ils seraient obligés de remettre au pot, avec l'État, avant que la compagnie ne sombre corps et biens début 2016.

Un réquisitoire

Lorsque, cette année-là, les magistrats de la Cour des comptes s'intéressent à la fusion Veolia-Transdev, ce qu'ils découvrent les laisse pantois. Leur rapport est d'abord un réquisitoire sans appel : des pertes qui dépassent 1 milliard d'euros de 2011 à 2013 ; des dépréciations d'actifs massives – pour un total de 933,7 millions d'euros en trois ans, dont plus de la moitié en 2011. La Cour des comptes a voulu comprendre comment une telle catastrophe avait pu se produire. Sa conclusion : Transdev s'est fait rouler dans la farine (ce n'est évidemment pas les mots employés, mais cela revient au même) dans sa négociation avec Veolia.

Pour compenser les différences de taille entre les deux entreprises, la Caisse des dépôts a ainsi dû verser 300 millions d'euros à Veolia afin que le mariage soit « équitable ». Un joli cadeau qu'elle n'a jamais pu récupérer, même quand il a fallu revoir à la hausse les dépréciations d'actifs. Or, une clause aurait pu le prévoir.

Mais il y a encore plus grave : pour être agréable à une multinationale du CAC 40 en difficulté, en l'espèce Veolia, la Caisse a accepté de prendre, dans son bilan, la plus grosse partie de la dette du nouveau groupe. Au départ, lors des négociations de 2009, elle ne devait consolider « que » 450 millions de dette dans son bilan. En 2011, elle a accepté d'en inscrire 950 millions. En quel honneur ?

Le constat des magistrats est cruel : « À ce jour, cette opération, insuffisamment étudiée et mal conduite, s'est traduite par des pertes d'un demi-milliard d'euros pour le groupe CDC qui se retrouve en première ligne pour organiser l'avenir du nouveau Transdev. Elle fait ressortir des faiblesses persistantes dans la gouvernance de la CDC. Le projet et ses conditions de réussite n'ont pas été suffisamment étudiés. La mise en œuvre a été déficiente. »

Dans le détail, le rapport est encore plus cruel. Transdev n'aurait envisagé qu'un seul mariage, celui avec Veolia, alors que d'autres prétendants étaient sur les rangs. Extraits : « Des négociations se sont engagées sans avoir donné un mandat de recherche, ni prévu une procédure d'appel à la concurrence. Si celle-ci n'était pas obligatoire juridiquement, elle eût été souhaitable s'agissant de la cession d'un actif public et au regard des enjeux. La SNCF a également manifesté son intérêt quelques semaines plus tard, pour le compte de sa filiale Keolis, dans les mêmes conditions de gouvernance et de parité. La CDC lui a donné l'assurance qu'elle aurait accès à l'ensemble des informations données à Veolia Environnement et que son projet serait examiné [...]. Un examen comparatif

oui mais elle sent le soufre avec son déficit et ses syndicats !

a bien été organisé, mais dans le délai très court de six jours : les banques conseils de la CDC (BNP Paribas et Société générale) ont transmis un cahier des charges le 28 mai 2009, les réponses étant attendues pour le 3 juin 2009 au plus tard. » Autant dire que la SNCF n'a pas eu le temps de regarder le dossier sérieusement. Comme si l'affaire était déjà entendue.

La conséquence de ce marché de dupes ? « L'impact a été particulièrement sensible pour le groupe CDC sur les années 2011 et 2012. En 2011, son résultat a été amputé dans une proportion de trois cinquièmes par les pertes au titre de Veolia-Transdev. En 2012, alors que la Caisse était en déficit pour la deuxième fois de son histoire, 44 % des pertes provenaient de Veolia-Transdev, second foyer de pertes après Dexia. »

Malgré ces tonnes de reproches, la Cour des comptes n'a pourtant pas répondu à une question essentielle : pourquoi la Caisse a-t-elle laissé Veolia bénéficier de cette fusion au détriment de ses propres intérêts ?

Lors de notre enquête, nous avons découvert trois notes particulièrement édifiantes. Elles sont datées de mars et de juillet 2009, sont adressées au directeur général de la Caisse, Augustin de Romanet, et sont signées Joël Lebreton, alors directeur général de Transdev. Elles indiquent que c'est lui qui a plaidé le premier pour cette fusion calamiteuse. Joël Lebreton pose certes quelques conditions mais défend avec enthousiasme « Verdi » (le nom de code donné en interne au projet de fusion). Dans l'un de ces documents, il écrit même noir sur blanc que cette fusion « a un sens pour l'économie française ». « C'est judicieux », ajoute-t-il.

Il préconise toutefois avec fermeté que Transdev soit en position de force dans le nouvel ensemble et non Veolia, « ce qui ferait tomber d'un coup la totalité du positionnement stratégique ». Et c'est là que l'attitude d'Augustin de Romanet est ambiguë. La Caisse s'est certes laissé séduire par les propositions du management. Mais ensuite, elle s'est comportée de façon très étrange. Une fois les discussions entamées avec Veolia, elle est devenue presque muette. Ensuite, lorsqu'il est apparu que Veolia tirait tous les profits de cette fusion, sans les inconvénients, elle n'a rien dit et n'a défendu ses intérêts qu'avec mollesse. Est-ce parce qu'à cette époque Augustin de Romanet est au mieux avec Henri Proglio et ne veut pas lui être désagréable ? Proche de la fin de son mandat, il souhaitait en effet prendre la tête de la CNP (dont Proglio est administrateur). Pour ne rien arranger, le rôle du ministère de l'Économie n'a jamais été très clair dans cette affaire. Pendant toute la durée des négociations entre Transdev et Veolia, il était comme aux abonnés absents. Est-ce parce que jusqu'au mois de septembre 2009, le directeur de cabinet de la ministre Christine Lagarde s'appelait Stéphane Richard et qu'avant 2007, il était le patron de la branche transport de... Veolia ?

Cinq ans après la fusion, Augustin de Romanet et Joël Lebreton continuent à rejeter l'un sur l'autre la paternité de cette catastrophe à 1 milliard d'euros, dont ils sont en réalité les coproducteurs. Pourtant, ils pouvaient difficilement ignorer que la Caisse suscite d'innombrables appétits.

Chapitre 9

Des prestations en or massif

Niché derrière la façade du 67 rue de Lille, le jardin de l'hôtel de Pomereu n'est pas bien grand. Certes, il est situé dans l'un des quartiers les plus chers de Paris, mais il ne fait que 1 200 mètres carrés. Un jardinet comparé à ceux dont profitent nombre de ministres et de secrétaires d'État installés aux abords du boulevard Saint-Germain. Qu'importe, le directeur général de la Caisse des dépôts est un amoureux de la nature et des petits oiseaux. Il apporte donc un soin tout particulier aux plantations de son hôtel particulier. En mai 2016, Pierre-René Lemas a ainsi publié un appel d'offres[1] pour l'entretien de ses fleurs. Il n'a pas lésiné sur le contrat : 200 000 euros par an hors TVA, incluant l'arrosage, la tonte de sa pelouse et la taille de ses haies. Mais pas la fourniture d'éventuels nouveaux arbustes, facturés à l'unité à la Caisse des dépôts[2].

1. Annonce publiée au BOAMP [Bulletin officiel des annonces des marchés publics], n° 16012800000P / 1.

2. À titre de comparaison, dans son rapport sur les dépenses de l'Élysée publié le 18 juillet 2016, la Cour des comptes relève que le jardin du palais de l'Élysée et celui de la résidence la Lanterne

L'été, ce jardin accueille de belles garden-parties où l'on peut boire une coupe de champagne. Et du bon, s'il vous plaît ! En 2013, Jean-Pierre Jouyet – sans doute pour éviter les sarcasmes (sa femme appartient à la famille Taittinger) – a passé un appel d'offres[1] pour la fourniture de ce breuvage de fête. Le rédacteur de la commande publique avait sans doute des directives très précises pour éviter qu'on serve un mauvais mousseux aux invités du patron : parmi les critères retenus pour sélectionner le fournisseur, la procédure exigeait « des échantillons permettant de juger la qualité gustative » du produit.

À la CDC, il n'y a pas que la cave et le jardin qui permettent à des prestataires extérieurs de remporter d'intéressants marchés. Malgré un service de communication en interne qui compte des dizaines de personnes, c'est à l'extérieur que l'on va chercher des experts pour former les cadres à cette discipline. Il s'agit de concevoir un « programme [qui] devra suivre une progression pédagogique. Il permettra aux participants d'acquérir des techniques de communication, d'expression écrite et orale, des différents aspects de la communication du leader et du "*personal branding*" ». Le tout pour la somme de 233 333,30 euros hors TVA.

En 2015, la direction générale recherche[2] l'animateur d'un « espace d'expression privilégié [...] pour favoriser les parcours professionnels des femmes en renforçant leur assertivité ». Leur quoi ? Ne cherchez pas dans le

---

font deux hectares, soit 20 000 mètres carrés, et chiffre leur entretien à 470 000 euros par an.

1. Annonce n° 136, BOAMP 245 B.

2. Annonce n° AO RPF 2015.

dictionnaire, la définition n'est pas dans le Larousse. L'« assertivité » est un concept à la mode chez les consultants en management pour désigner la capacité de dire non à ceux qui vous en demandent trop sans pour autant faire preuve d'agressivité.

À la direction des retraites de la Caisse, on « vit de grandes évolutions qui doivent être portées par l'encadrement » ? Hop ! Cette fois, ce n'est plus un peu d'« assertivité » que l'on recherche, mais des séances de coaching. Avec cet objectif : le cadre supérieur « doit changer sensiblement de posture, continuer à piloter une production pour répondre aux besoins des clients mais en plus baliser des pistes dans un environnement mouvant ». Budget estimatif : 120 000 euros TTC[1]. Et quand, en juillet 2016, la direction générale de la Caisse veut savoir si les Français pensent plutôt du bien de ses missions, elle passe évidemment un appel d'offres[2] pour faire travailler un institut de sondages. Valeur du marché : 1 million d'euros hors TVA.

Toutes ces demandes de collaboration extérieures sont publiques, ouvertes à la concurrence et leur attribution peut être contestée devant les tribunaux. La Caisse fait donc œuvre de transparence. Mais les contrats pour l'entretien du jardin de Pierre-René Lemas ou la fourniture de bouteilles de champagne de Jean-Pierre Jouyet masquent une tout autre réalité. La CDC compte d'innombrables profiteurs qui ne se donnent même pas la peine de remplir un dossier pour répondre aux procédures publiques de mise en concurrence.

1. Annonce n° 14032900.
2. Annonce n° 16015800.

Les rentiers

Lorsqu'il arrive en 2010 comme numéro deux, Antoine Gosset-Grainville vient du cabinet de François Fillon à Matignon. Il veut connaître le montant des honoraires que perçoivent les avocats travaillant pour son nouvel employeur. Cet inspecteur des finances n'est pas tombé de la dernière pluie : avant 2007, il exerçait cette noble profession (il est redevenu avocat en 2012). Il sait donc que quelques grands noms du barreau gagnent très bien leur vie en assistant l'institution publique pour les dizaines d'opérations financières qu'elle réalise chaque année.

Il fait établir une liste des cabinets qui comptent la Caisse des dépôts parmi leurs clients, avec le montant de leurs honoraires. « Des avocats de ma connaissance se plaignaient de ne jamais travailler pour la Caisse et pointaient du doigt certains confrères qui, selon eux, décrochaient sans cesse des mandats. Je voulais me faire une idée précise du phénomène et surtout éviter qu'il y ait des rentiers », explique Antoine Gosset-Grainville. Lorsqu'il examine le document que lui fournissent les services, il est rassuré. Il n'y a pas, d'après lui, matière à scandale. « Certes, de grands cabinets travaillent souvent pour la Caisse. Mais aucun n'est vraiment en position de force », explique-t-il. On est prié de le croire sur parole : il n'a pas voulu nous montrer son fameux listing.

Pour un avocat, compter la CDC parmi sa clientèle est en tout cas une référence prestigieuse. En témoignent les plaquettes promotionnelles qui ne manquent jamais de le signaler, même si les dossiers traités ne font pas la une des journaux.

La Caisse est chargée de recevoir et d'administrer des sommes versées par les entreprises de Seine-Maritime procédant à des licenciements à la suite de plans sociaux ? Trois associés et deux collaborateurs du cabinet Jeantet la conseillent.

Elle doit créer une joint-venture avec une PME pour développer un site internet dédié au tourisme itinérant ? Le cabinet Lacourte-Raquin-Tatar met trois avocats sur l'affaire.

Elle veut investir 28,5 millions d'euros dans une société destinée à déployer le très haut débit dans le Calvados et en Île-de-France ? Cinq avocats du cabinet DS potassent le dossier.

Elle cède à SFR ses participations dans une filiale ? C'est Gilles August lui-même (du cabinet August & Debouzy) qui s'y colle, avec le renfort de cinq de ses associés et collaborateurs.

Ce cabinet a visiblement bien travaillé puisque, quelques mois plus tard, lorsque la CDC achète cette fois des centrales solaires, neuf de ses avocats sont à nouveau à la manœuvre. Et pour les gros dossiers, le coffre-fort de la République ne lésine pas non plus. Lorsqu'il a dû investir plusieurs centaines de millions d'euros dans le chantier du « Pentagone à la française » dans le quartier de Balard à Paris, neuf avocats du cabinet Jones Day ont défendu ses intérêts.

Un avocat bien en cour

Lorsqu'il est nommé par son ami François Hollande à la tête de l'institution en 2012, Jean-Pierre Jouyet se montre plus curieux que son collègue de l'inspection des finances Gosset-Grainville. Il s'interroge sur la nature des relations entre sa nouvelle maison et le cabinet américain Weil, Gotshal & Manges. Pourquoi une telle marque d'intérêt? Parce que cette structure a épaulé la SNI (Société nationale immobilière) dans une négociation avec Icade, toutes deux filiales de la Caisse, tout en conseillant... la Caisse elle-même sur d'autres dossiers. Une situation étonnante, propice à éveiller les soupçons sur un éventuel conflit d'intérêts. Jean-Pierre Jouyet y est d'autant plus attentif que l'avocat mandaté s'appelle Frédéric Salat-Baroux.

Inconnu du grand public, ce conseiller d'État a été secrétaire général de l'Élysée à la fin de la présidence de Jacques Chirac (entre 2005 et 2007), et il avait alors pour adjoint... Augustin de Romanet! Côté vie privée, ce n'est pas simple non plus, puisqu'il est également... le gendre de Jacques Chirac.

Tout cela serait sans doute passé inaperçu si Mediapart[1] n'avait révélé un rapport préliminaire de la Cour des comptes dévoilant le montant des honoraires encaissés dans la transaction SNI-Icade: près de 6 millions d'euros, soit l'équivalent de 261,4 livrets A remplis jusqu'au plafond! Pour savoir s'il n'y avait pas là matière à scandale (et sans doute pour se protéger d'un effet boomerang), Jean-Pierre Jouyet a donc confié une mission à deux hauts fonctionnaires[2]. Après examen du dossier, tout en

1. Le 28 mars 2014.

2. Mission d'évaluation menée par Sabine Baïetto-Beysson, inspectrice générale de l'administration du développement durable, et Pierre Hanotaux, inspecteur général des finances, 15 avril 2014.

regrettant que « la désignation des conseils ait été faite de gré à gré », ceux-ci ont jugé que les sommes versées à l'avocat n'avaient rien de choquant. Quant au rapport final de la Cour des comptes, il a finalement été publié sous le passage concernant les honoraires du cabinet de Me Salat-Baroux. Ouf!

J6M[1] et le « gendre »

Après le chiraquien, le balladurien ! Depuis qu'il est parti sous les huées du personnel du groupe Vivendi qu'il avait mis au bord de la faillite, Jean-Marie Messier s'est refait une santé. Non comme avocat mais comme banquier d'affaires. Il conseille de grandes entreprises sur leur stratégie, leur apporte des idées intéressantes et surtout les aide à mettre au point toutes sortes de montages financiers. Parti un temps aux États-Unis où personne ne le connaissait, il a peu à peu repris pied sur le territoire français. Et son come-back, c'est en partie à la Caisse des dépôts qu'il le doit. Icade n'a pas hésité à en faire son banquier conseil dans plusieurs grosses opérations.

J6M ne fait pas dans le bénévolat. En 2009, il a facturé ses services 3 millions d'euros – l'équivalent de 130,7 livrets A garnis au maximum – dans une opération consistant à vendre 28 000 logements sociaux appartenant

1. J6M : Jean-Marie Messier Moi-Même Maître du Monde. Première abréviation : J2M, pour Jean-Marie Messier, qui a évolué au fil du temps en J4M : Jean-Marie Messier Moi-Même, puis J6M.

à Icade, que la SNI, autre filiale de la CDC, voulait racheter. Messier expert en matière de logement social, il fallait oser ! Mais personne n'a tiqué. Quelques mois après cette opération, l'ancien patron de Vivendi a décroché un nouveau contrat. Cette fois-ci, il a conseillé Veolia (montant des honoraires : 2,5 millions d'euros) pour la fusion de ses activités transport avec Transdev, filiale de... la Caisse des dépôts. Le monde est vraiment petit. Sauf que cette fois-ci, les syndicalistes de Veolia se sont insurgés : Messier avait été leur patron du temps de la Générale des eaux et de sa folie des grandeurs. C'est peut-être mesquin mais ils en avaient gardé une rancune tenace.

Mais c'est surtout avec le FSI, le Fonds stratégique d'investissement créé par la CDC et l'État pour soutenir des entreprises françaises en difficulté, que Jean-Marie Messier a beaucoup travaillé. Pas comme prestataire de l'institution. Mais pour aider ses clients à recevoir de l'aide du FSI. La radio Skyrock ? Le groupe CMA-CGM ? 3 S Photonics ? Ils n'ont pas eu à se plaindre de ses services : le FSI est venu à leur secours. Outre ses talents financiers, Messier a su cultiver ses relations avec Nicolas Sarkozy[1].

1. Après la défaite d'Édouard Balladur à la présidentielle de 1995, Jean-Marie Messier, patron de Vivendi (et ancien directeur de cabinet d'Édouard Balladur aux finances entre 1986 et 1988) avait fait appel à l'« avocat » Nicolas Sarkozy qui avait été le principal soutien de Balladur et connaissait une traversée du désert. Sarkozy a notamment travaillé pour le pôle immobilier de Vivendi que dirigeait à l'époque Stéphane Richard. Ce dernier deviendra le directeur de cabinet de Christine Lagarde à Bercy après l'élection de Nicolas Sarkozy. Désigné plus tard patron d'Orange par Nicolas Sarkozy, Stéphane Richard a choisi Jean-Marie Messier comme banquier conseil dans plusieurs grosses opérations.

Et puis, il disposait d'un autre atout en la personne de son associé : Jean-Charles Charki, le gendre de Claude Guéant – successivement secrétaire général de l'Élysée et ministre de l'Intérieur –, a été l'associé de J6M entre 2007 et début 2010. Le gendre de Chirac, celui de Guéant... À la Caisse, les réseaux énarchiques sont sérieusement concurrencés par les liens familiaux !

Un autre banquier d'affaires, de gauche celui-là, a vu le tapis rouge se dérouler sous ses pas dans le hall d'accueil de la rue de Lille. Quand il entre à la banque Lazard en 2002, Matthieu Pigasse a 34 ans. Il sort des cabinets ministériels de DSK puis de Laurent Fabius aux Finances. Grâce à lui, la prestigieuse banque d'affaires franco-américaine obtient son rond de serviette à la Caisse des dépôts. Pigasse a su frapper à la bonne porte, celle du nouveau directeur général Francis Mayer, énarque du Trésor comme lui.

Dans les mois qui suivent l'élection de François Hollande, Matthieu Pigasse, devenu entre-temps numéro un de Lazard (et actionnaire de plusieurs organes de presse dont *Le Monde* et *L'Obs*), entend reconquérir le terrain perdu du temps d'Augustin de Romanet. Il est en effet désigné par Bercy pour mettre sur pied la future Banque publique d'investissement, détenue à parité par la Caisse et par l'État. Un fort joli contrat. Mais qui déclenche une polémique dévastatrice pour sa banque et pour le gouvernement. Sous la plume d'Odile Benyahia-Kouider, *Le Nouvel Observateur*[1] pointe en effet du doigt les relations de Matthieu Pigasse avec Arnaud Montebourg, ministre

1. Du 30 août 2012.

du Redressement productif. À l'époque, la compagne du ministre s'appelle Audrey Pulvar et dirige la rédaction des *Inrockuptibles*, un journal possédé par Matthieu Pigasse. L'information incite Valérie Pécresse et Nathalie Kosciusko-Morizet à réclamer une commission d'enquête. Arnaud Montebourg, quant à lui, fait un procès à la journaliste... qu'il a depuis perdu en appel[1]. Il s'est séparé d'Audrey Pulvar mais a cosigné avec Matthieu Pigasse, en juin 2015, une tribune au vitriol contre l'action du gouvernement Valls dans *Le Journal du dimanche*[2]. Matthieu Pigasse préfère depuis ne plus travailler pour l'État, estimant que c'est sans doute mieux pour son image...

100 % com'

La Caisse des dépôts est un bon client aussi pour les communicants en tout genre. Paul Boury, l'un des lobbyistes parisiens les plus en vue, ami intime de François Hollande (ils ont fait HEC ensemble), très proche de Raymond Soubie, qui fut l'un des principaux conseillers de Nicolas Sarkozy à l'Élysée, s'est chargé de la communication personnelle de Francis Mayer pendant toute la durée de son mandat. Il bénéficiait d'un contrat à 20 000 euros par mois auquel Augustin de Romanet s'est empressé de mettre fin

1. En première instance, le tribunal correctionnel de Paris avait condamné *Le Nouvel Observateur*. Mais le journal avait fait appel et a été relaxé par la cour d'appel en janvier 2014.

2. Arnaud Montebourg et Matthieu Pigasse, « Hébétés, nous marchons droit vers le désastre », *Le Journal du dimanche*, 7 juin 2015.

(*) ne pas confondre avec l'auteur juridique en urbanisme

dès son arrivée à la Caisse. Ce qui n'a pas empêché Boury de décrocher quelques missions intéressantes par la suite. Il a notamment œuvré pour l'alliance avec le groupe Séché contre l'australien Macquarie pour l'acquisition de la SAUR (qui accompagne les collectivités locales dans la gestion des services publics, eau, propreté, etc., et qui s'est révélée une très mauvaise affaire pour la CDC).

Et tous ses confrères rêvent eux aussi de travailler pour la Caisse. Dès qu'un nouveau directeur général est nommé, c'est le défilé dans le beau bureau de la rue de Lille. Augustin de Romanet s'est ainsi attaché les services de Nicolas Rousseaux, fondateur d'un cabinet qui assure aider « les dirigeants à transformer leur culture d'entreprise et à faciliter les mouvements stratégiques ». Vaste programme ! Romanet a aussi signé un contrat avec Image Sept, l'agence de communication créée en 1988 par Anne Méaux, la papesse du CAC 40 qui chuchotait à l'oreille de François Fillon durant sa campagne pour la primaire de la droite et du centre.

En janvier 2015, c'est Marie-France Lavarini qui a décroché la timbale. L'ex-attachée de presse de Lionel Jospin à Matignon a remporté un appel d'offres et obtenu un contrat de 132 000 euros par an jusqu'en 2018.

Stéphane Fouks, le vice-président d'Havas, a lui aussi pu arrondir son chiffre d'affaires grâce à la Caisse. Celui qui conseillait DSK (avant et après sa chute) a placé beaucoup de ses collaborateurs au FSI et dans plusieurs satellites de l'institution. C'est aussi son agence qui, sous Francis Mayer, a dessiné le logo sur fond rouge de la CDC. Mais il n'a pas autant profité de la vénérable maison que son meilleur ami avec Manuel Valls, Alain Bauer.

Un criminologue à la Caisse

Alain Bauer est criminologue. Il est même professeur de criminologie au CNAM, le Conservatoire national des arts et métiers. Ce n'est pas rien, même si le corps enseignant a un peu tiqué lors de sa nomination. Cet intime de Manuel Valls et conseiller de Nicolas Sarkozy (lorsqu'il était ministre de l'Intérieur, puis à l'Élysée, l'ancien président lui a souvent confié des missions) est aussi un entrepreneur actif. C'est évidemment à ce titre, et non grâce à son entregent, qu'Alain Bauer a décroché un beau contrat avec la Caisse des dépôts : 200 000 euros par an de 2008 à 2014.

La CDC était-elle la cible de tueurs en série pour faire appel à un criminologue ? Augustin de Romanet a en tout cas ressenti le besoin de s'adjoindre les services de cet expert, ancien grand maître du Grand Orient de France, capable de parler de tout en général et de terrorisme en particulier. Un choix vraiment étrange ! Catholique pratiquant, Augustin de Romanet a toujours été méfiant vis-à-vis des réseaux francs-maçons de la Caisse. Il était même persuadé que des cadres dirigeants de l'institution, dont certains font à peine mystère de leur appartenance à la franc-maçonnerie, avaient juré sa perte et n'avaient qu'un objectif : saper son mandat.

En prenant pour conseiller l'ancien grand maître du Grand Orient de France et en le rémunérant grassement, Romanet pensait-il neutraliser ses adversaires ? Pas exactement. Initialement, c'est CDC International qui avait signé un contrat avec la société d'Alain Bauer pour avoir des avis sur certains partenaires d'affaires. Au vu de ses aventures dans le Caucase, il n'est pas sûr que ces conseils aient tous été judicieux. Mais en 2010, Laurent Vigier, le patron de CDC International, s'aperçoit qu'Alain Bauer travaille aussi avec d'autres entités du groupe. Il décide donc de transférer le contrat au niveau de la direction générale.

Il n'y a pas que la criminologie dans la vie, il y a aussi la gastronomie. À ses heures perdues, Alain Bauer est un amoureux des mets raffinés et de la grande cuisine. C'est ainsi qu'il est devenu actionnaire à 50 % d'une petite maison d'édition qui publie le guide Champérard. La Caisse en a acheté des milliers d'exemplaires pour les offrir à ses clients ou à ses cadres dirigeants. Selon Mediapart, qui a révélé cette étonnante affaire [1], un premier contrat a été conclu en 2010 pour l'acquisition de ces ouvrages. Puis un autre en 2011... Mais la direction de la communication, qui a passé commande, a vu trop grand : il reste des centaines d'exemplaires dans les caves de la rue de Lille. Le parquet national financier a décidé, en décembre 2014, d'ouvrir une enquête préliminaire sur les contrats de la Caisse avec Alain Bauer, qui a toujours contesté toute infraction.

Ses relations avec la rue de Lille se sont-elles interrompues lorsque Jean-Pierre Jouyet a remplacé Augustin de Romanet ? Pas le moins du monde. Le directeur de cabinet du nouveau DG, Stéphane Keïta, a fait des pieds et des mains pour reconduire le contrat avec AB Conseil. L'achat des guides gastronomiques a certes cessé. En revanche, Alain Bauer a continué de conseiller Jean-Pierre Jouyet sur les risques sécuritaires...

1. Le 28 novembre 2014.

Chapitre 10

Que le spectacle commence !

Quand un épargnant place 20 ou 50 euros sur son livret A, sait-il qu'il va, indirectement, devenir un ami de la musique, du cinéma, de l'opéra ou des arts de la rue ? La Caisse est en effet victime de sa réputation. Elle s'est lancée dans le mécénat quand la plupart des grandes entreprises y songeaient à peine. Si bien qu'aujourd'hui les sollicitations continuent de pleuvoir sur elle. Au fil du temps et des modes, il lui arrive de savoir résister, mais pas toujours…

Elle est ainsi le mécène du théâtre des Champs-Élysées depuis 1970. À l'époque, Maurice Pérouse, directeur général depuis trois ans, est appelé à la rescousse par Edmond Michelet, ministre des Affaires culturelles dans le gouvernement de Jacques Chaban-Delmas. La demande est pressante, son enjeu dramatique. Le théâtre des Champs-Élysées est depuis longtemps un haut lieu de la création artistique et de la vie parisienne. Il a provoqué le scandale pour la première du *Sacre du printemps* de Stravinsky interprété par Nijinski en 1913, puis la sidération lors de la découverte d'une incroyable danseuse nommée Joséphine Baker en 1925.

Le théâtre risque alors, près de soixante ans après son

ouverture, de connaître un funeste destin et d'être transformé en garage pour automobiles. Le directeur général ne peut pas laisser un tel sacrilège s'opérer. La Caisse devient alors propriétaire des deux tiers de cet édifice classé monument historique, auquel elle consacre, pour le faire tourner, 10 millions d'euros par an. Radio France, qui détient les 33 % restants, paie sa part en nature : son Orchestre national de France (ONF) y donnait jusqu'à récemment vingt concerts par an. ⊙

Mais en novembre 2014, alors que Pierre-René Lemas est directeur général depuis quelques mois, la nature de l'accord se modifie au détriment de la Caisse quand, après plus de dix ans de travaux, la Maison de la radio inaugure son grand auditorium. Le nombre de concerts donnés par l'ONF au théâtre des Champs-Élysées est alors réduit à sept. C'est un vrai manque à gagner.

Quelques mois plus tard, Matthieu Gallet, le président de Radio France, considère pourtant que ce n'est pas encore assez, et que la Caisse pourrait faire plus pour la musique classique. En mars 2015, Radio France connaît le conflit social le plus dur de son histoire : 28 jours de grève, durant lesquels la direction annule les concerts de ses deux orchestres. Car il y en a deux. Au National, fondé en 1934, qui compte 120 musiciens et qui a pour vocation depuis toujours de jouer le grand répertoire, est venu s'ajouter en 1976 le Philharmonique, fort de 141 artistes. Ces deux orchestres font-ils doublon ? En tout cas, ils coûtent très cher puisqu'ils engloutissent, avec les deux autres formations permanentes de Radio France, le Chœur et la Maîtrise, environ 60 millions d'euros pour des recettes de billetterie qui n'excèdent guère les 2 millions annuels.

⊙ on passe sous silence les travaux sans PC et le maître d'œuvre était l'épouse du Lion !

Mais le dilemme est cruel : ces deux orchestres bénéficient d'une reconnaissance artistique internationale. Matthieu Gallet, déjà fort décrié pour les factures de ses multiples conseillers en communication et pour les travaux d'embellissement de son bureau, réglés par le service public, ne parvient pas à arrêter cette grève. Il a donc une idée : fourguer l'Orchestre national de France à la Caisse des dépôts.

La direction générale de la CDC développe alors une excellente stratégie : l'autisme. On lui demande si elle compte répondre à cette sollicitation ? Elle répond qu'elle n'a été informée de rien et feint l'ignorance. Matthieu Gallet, lui, n'ose pas tenter le forcing, à l'heure où sa cote n'est pas au plus haut au ministère de la Culture. Le silence de la Caisse est récompensé. Elle n'a même pas besoin de refuser.

Spectacle vivant dans le Lubéron

Toujours dans le domaine musical, la CDC, avec d'autres, accompagne depuis des années les Chorégies d'Orange. Il lui en coûte chaque année 70 000 euros. Une participation qui permet d'inviter quelques VIP, parmi lesquels les parlementaires de la commission de surveillance, enchantés de pourvoir assister, dans le théâtre antique à ciel ouvert, à des représentations prestigieuses.

70 000 euros, c'est une plaisanterie par rapport à ce que Dexia, filiale de la Caisse, spécialisée dans le financement des collectivités locales, a englouti dans le Festival d'Avignon au fil des ans. En 1984, quand Pierre Richard, le futur patron de cette banque, n'est encore que directeur

général adjoint de la Caisse chargé des collectivités locales, il dépense 200 000 francs pour sponsoriser l'événement, soit environ 56 000 euros de 2017. Mais l'addition grimpe vite, et la contribution est multipliée par dix en dix ans.

Petit à petit, Pierre Richard ne se veut plus seulement le banquier du festival, il donne son avis sur la programmation de Bernard Faivre d'Arcier, le directeur. Il fait savoir dans les journaux qui est le vrai patron de la manifestation. « Côté festival, Pierre Richard s'interroge de plus en plus ouvertement : "Je suis bon public, mais je trouve dommage que ce soit si souvent triste. L'époque où Alain Crombecque dirigeait Avignon était drôle. J'ai adoré[1]." » Un avertissement pour Faivre d'Arcier ? « Le mécénat relève un peu de l'arbitraire », glisse Pierre Richard, qui ajoute comme un poisson (son signe) entre deux eaux : « Nous réfléchissons encore avant de prendre une décision pour l'année prochaine. »

Jusqu'au bout, jusqu'à la faillite, Dexia tient à conserver la première place parmi les bienfaiteurs du Festival d'Avignon. En 2010, cette banque dans laquelle la Caisse a déjà déversé 2 milliards d'euros, et ce n'est pas fini[2], continue toutefois d'être, pour la 27e année consécutive, le principal mécène de cette manifestation. Cette année-là, en plus des VIP habituels, elle invite quatorze jeunes des quartiers, pour qui, comme l'indique le communiqué de Dexia, « cet événement sera l'occasion d'échanger sur l'engagement citoyen, d'en comprendre le sens et de pouvoir prendre une part active à la construction de la société de demain. Ils assisteront à

1. *La Tribune*, 9 juillet 1996.
2. Voir le chapitre « Le pape d'Avignon ».

plusieurs représentations théâtrales dans les lieux les plus emblématiques du festival *in*, rencontreront les artistes, comédiens et metteurs en scène, et auront l'opportunité de découvrir le fonctionnement du festival et les métiers du spectacle ».

Au Festival d'Avignon, donc, les invitations ont longtemps coulé à flots, jusqu'à près d'un millier de personnes par édition, et ont continué à représenter un enjeu majeur jusqu'au bout, contrairement aux Chorégies d'Orange, où les places sont chères pour les sponsors, car cette manifestation tient à vendre un maximum de billets pour s'approcher le plus possible de l'équilibre financier. Le mécénat est un art difficile, et souvent orienté par les caprices de ceux qui nous gouvernent…

Un « imaginaire partageable »

« Je me souviens naguère avoir entendu un ancien ministre socialiste expliquer en souriant que la raison majeure pour laquelle il était convaincu que François Mitterrand se représenterait à l'élection présidentielle de 1988, c'était que celui-ci ne supporterait pas l'idée qu'un autre que lui pût prononcer le discours du bicentenaire. Simple boutade ? » écrit l'historien Jean-Noël Jeanneney en conclusion d'un article sur les commémorations de la Révolution française publié dans *Le Monde*[1]. La réponse est contenue dans la question. François Mitterrand veut que les fêtes du bicentenaire de la Révolution soient un

1. Jean-Noël Jeanneney, « Les trois commémorations de la Révolution française », *Le Monde*, 2 septembre 1987.

succès au retentissement planétaire. Il vient d'être réélu président de la République et apporte un soin jaloux à l'ensemble des préparatifs, ainsi qu'aux nombreux discours qu'il prononcera en diverses occasions.

Mais la fête permanente coûte cher. Le chef de l'État a choisi de faire de « Tuileries 89 » un des temps forts des célébrations. Et d'ailleurs, il a posé une condition : ce « musée » éphémère, installé dans les jardins des Tuileries, doit ouvrir ses portes le 10 mai, jour anniversaire de sa victoire à la présidentielle de 1981. Bon prince, il laisse à son Premier ministre, Michel Rocard, le soin de prononcer le discours d'inauguration le 9 mai. Pour l'occasion, celui-ci est entouré, entre autres, de Jack Lang, ministre de la Culture, de la Communication, des Grands Travaux et du Bicentenaire, un intitulé aux accents nord-coréens, et du directeur général de la Caisse des dépôts, Robert Lion : « J'adresse un salut spécial à la Caisse des dépôts et consignations, qui a joué et joue encore un rôle majeur dans cette affaire. Je sais le soutien que son directeur général, Robert Lion, a apporté, dès le début, au projet », dit-il en conclusion de son allocution.

Le chef du gouvernement peut, en effet, remercier Robert Lion de façon particulièrement appuyée. Six hectares de jardins qui vont du Louvre à la Concorde ont été transformés en parc à thème, à l'ombre de deux tours métalliques de 36 mètres de hauteur, les « Tours de la liberté ». Des boutiques en bois ont été installées pour célébrer le génie français auprès des millions de visiteurs attendus (qui ne viendront jamais), des théâtres à l'italienne et des espaces prévus pour des spectacles de plein air célébrant le bicentenaire pendant six mois. Pour rendre le tout plus vivant, 350 comédiens en habit animent les lieux chaque jour : des musiciens, des jongleurs, des danseurs... Une grande aile en tissu de 10 mètres sur 30 est aussi déployée entre les arbres du jardin pour symboliser le bicentenaire.

L'aménagement a coûté 110 millions de francs (26 millions d'euros[1]) et les frais de fonctionnement près de la moitié. Et c'est évidemment la Caisse qui est venue à la rescousse pour payer l'essentiel de la facture. Elle est aussi sommée de produire en urgence un film de dix minutes en images de synthèse pour raconter la Révolution et son « imaginaire partageable », comme le dit sans crainte du ridicule la plaquette de présentation.

Personne, des années plus tard, n'a gardé le moindre souvenir de cette « Grande Fête des Tuileries 89 ». Mais à l'Élysée, le président était drôlement content !

Hollywood à Paris

Depuis des années, le cinéaste Luc Besson avait un rêve : créer de toutes pièces un Hollywood français dont il serait l'instigateur, le metteur en scène, le héros. Au début des années 2000, il a en tête le lieu idéal pour édifier son empire : une ancienne centrale EDF désaffectée depuis plusieurs années, située à La Plaine Saint-Denis, non loin du Stade de France, qu'il connaît pour y avoir tourné certaines scènes de deux de ses films, *Nikita* et *Léon*. Mais 15 000 mètres carrés de bureaux et neuf plateaux de tournage, cela coûte cher. Luc Besson cherche la bagatelle de 160 millions d'euros. Et les banques ne

1. En tenant compte de l'érosion monétaire due à l'inflation.

veulent pas lui prêter le début d'un centime pour un projet teinté de mégalomanie, à la rentabilité plus qu'incertaine, dans une banlieue au devenir hasardeux. Mais, cela tombe bien, le réalisateur du *Grand Bleu* a un nouvel ami en la personne de Charles Milhaud. Cet homme, sûr de sa valeur et de son talent, qui sera éjecté de la présidence du directoire des Caisses d'épargne en 2008 pour cause de pertes abyssales, l'a beaucoup aidé quand il a voulu tourner le premier film de la série *Taxi* à Marseille, en 1998. La perspective de semer le chaos automobile dans la cité phocéenne, puisqu'il s'agit de raconter les aventures d'un fou du volant qui confond la Canebière avec un circuit de formule 1, aurait pu déplaire à la mairie.

Mais Charles Milhaud, qui présidait alors aux destinées de la Caisse d'épargne Provence-Alpes-Corse, est un grand ami de Jean-Claude Gaudin[1]. Séduit par l'idée de rendre service au septième art, il s'est démené pour que l'ami Luc obtienne le feu vert de la municipalité. Et il a réussi !

Le cinéaste, reconnaissant, le nomme alors administrateur d'EuropaCorp. C'est donc tout naturellement qu'en 2004 Charles Milhaud présente le dossier « Cité du cinéma » à la Caisse des dépôts, alors actionnaire de référence des Caisses d'épargne. Las ! Après instruction, les services compétents de la CDC rendent leur verdict : pas sérieux. Charles Milhaud est furieux.

Il en faut plus pour décourager Luc Besson. Surtout

1. Candidat aux municipales de 2008 dans le 5ᵉ secteur de Marseille sur la liste UMP conduite par Jean-Claude Gaudin, Charles Milhaud devient conseiller municipal des IXᵉ et Xᵉ arrondissements de la ville.

qu'entre-temps il s'est fait un nouvel ami en la personne du publicitaire Christophe Lambert. Et toujours grâce à *Taxi*, ce monument du cinéma moderne ! C'est lors d'une projection privée du quatrième épisode de la série, organisée par l'excellent Charles Milhaud, décidément omniprésent, que les deux hommes sympathisent en 2007. Luc Besson commence à désespérer : les banques ne veulent pas changer d'avis, et le temps presse. Le certificat d'urbanisme et le permis de construire qu'il a obtenus pour sa Cité du cinéma en Seine-Saint-Denis ne sont valables que jusqu'en décembre 2010. Christophe Lambert, lui, a plein d'idées. C'est même son métier. Il croit en l'*advertainment*, contraction des termes anglais *advertising* (publicité) et *entertainment* (divertissement). Et il convainc Besson de créer avec lui Blue, une société consacrée à cette nouvelle activité. Quant à la Cité du cinéma, il est formel : son nouveau compère doit en faire un dossier politique, et non financier. Cela tombe bien, il a ses entrées à l'Élysée.

À l'automne 2008, Claude Guéant téléphone donc à Augustin de Romanet pour lui dire tout le bien qu'il pense du projet de Luc Besson. Le ton de la conversation ne laisse aucune place au doute : l'Élysée ne lâchera pas prise. La demande concerne la totalité du financement. Le directeur général de la Caisse tousse un peu. Il cherche donc à sauver les meubles. Autrement dit, à mettre le moins possible au pot. Et il trouve une bonne idée : piocher dans une cagnotte destinée à la redynamisation des quartiers, dont l'investissement dans un projet ne peut excéder 40 millions d'euros en fonds propres. Puis il soumet le dossier à un premier comité d'engagement, qui pose un certain nombre de conditions à ce placement qui n'est pas vraiment de bon père de famille. Il est notamment exigé que Luc Besson et sa société garantissent une partie des loyers. Mais l'Élysée s'impatiente. Ce n'est plus un processus de financement public mais une partie de poker qui se déroule rue de Lille. Par précaution, le directeur général associe au montage des investisseurs privés tels que Vinci. Au total, il faut trois comités d'engagement pour que le projet soit validé par la Caisse.

Critiqué pour son obligeance à l'égard de l'Élysée dès 2012, année où doit être inaugurée la Cinecittà de la Seine-Saint-Denis, Romanet se justifie par entourage interposé : fallait-il refuser ce dossier sous prétexte qu'il venait de l'Élysée ? Une question apparemment candide qui en appelle une autre, de simple bon sens : par quel miracle les millions qui avaient été refusés par la Caisse en 2004 ont-ils été distribués avec le sourire quatre ans plus tard ?

Une interrogation d'autant plus justifiée que la commission de surveillance n'a jamais été ni saisie ni même informée de ce projet, pourtant très lourd financièrement. Il aurait pourtant été facile, pour tenter de les amadouer, d'organiser une projection privée de *Taxi 4* !

À la place, Augustin de Romanet attend mars 2010 pour évoquer[1] très sommairement le sujet devant les parlementaires, comme en attestent les procès-verbaux des réunions annexés au rapport annuel au Parlement : « La Cité du cinéma ne rentre pas nécessairement dans la matrice, néanmoins elle doit être soutenue car elle répond à une forte demande publique. » Demande publique de qui, exactement ?

1. Le 24 mars 2010 exactement.

C'est la Cour des comptes qui répond, bien plus tard, à cette question. Le 16 novembre 2013, *Le Parisien* publie des extraits d'une note d'alerte très sévère transmise à la justice au sujet d'un possible « délit de détournement de fonds publics et de recel de ce délit ». Ce courrier cite nommément Claude Guéant comme *deus ex machina* de ce « financement public de la Cité du cinéma, décidé contre l'avis des services de l'État et de la Caisse des dépôts et consignations, principal financier du projet [...] pour permettre l'aboutissement du projet qu'une société privée portait à son seul bénéfice ».

Contre l'avis de l'État ? Ce n'est pas tout à fait exact : l'Élysée était très pour. Et, au bout de deux tentatives et des trois comités d'investissement, la Caisse aussi !

Chapitre 11

Omertà à tous les étages

Philippe Auberger, alors qu'il est président de la commission de surveillance de la Caisse entre 2002 et 2006, demande à la direction générale la liste des appartements de prestige que la Caisse possède et qu'elle gère en direct, sans passer par une filiale. « L'Élysée, raconte-t-il, considérait ce parc immobilier comme celui de la Ville de Paris du temps où Chirac était aux affaires. » Ce qui alerte ce député, féru de finances publiques, c'est un scandale. Fin novembre 2004, Hervé Gaymard est nommé ministre de l'Économie et des Finances dans le gouvernement Raffarin III en remplacement de Nicolas Sarkozy. Il reste exactement deux mois et vingt-sept jours à ce poste. C'est peu. Il doit démissionner le 25 février 2005, à cause d'un appartement de fonction particulièrement coûteux pour le contribuable.

Hervé Gaymard et son épouse Clara, énarque comme lui, ont en effet fondé une famille pas tout à fait comme les autres puisqu'elle compte neuf enfants, affublés de prénoms que l'on peut qualifier sans exagération d'atypiques : Philothée, Bérénice, Thaïs, Marie-Lou, Amédée, Eulalie, Faustine, Jérôme-Aristide et Angélico. Pour caser tout ce petit monde, le logement de fonction de Bercy ne suffit pas. Pour trouver un abri de taille respectable à cette tribu, il suffit d'appeler la Caisse. Ce n'est pas, en l'espèce, un appartement qu'elle gère en compte propre qui fera l'affaire mais deux, qui sont la propriété d'une de ses filiales, le Groupement foncier français (GFF). Pour les réunir en duplex et les remettre en l'état, la facture s'est élevée à plusieurs dizaines milliers d'euros. *Le Canard enchaîné* multiplie les révélations sur cette affaire et souligne que le ministre est par ailleurs propriétaire à Paris mais qu'il loue son bien à un ami haut fonctionnaire. Mis sous pression, le jeune espoir de la droite est contraint à la démission.

En l'espèce, ce n'est pas la Caisse mais l'État qui prend en charge les dépenses occasionnées par les travaux et le loyer. Mais Philippe Auberger s'interroge sur les conditions dans lesquelles les nombreux appartements de la Caisse sont occupés. Ces logements, en effet, ne sont pas situés dans des banlieues défavorisées mais dans de beaux quartiers, comme celui de Bagatelle, à Neuilly-sur-Seine, en bordure du bois de Boulogne. La CDC possède dans ce secteur pas moins de 800 logements. On sait qu'une partie de la Nomenklatura y a trouvé refuge, pour quelque temps ou pour la vie. C'est le cas du jeune couple Giscard d'Estaing qui s'installe dans un quatre-pièces à Neuilly quand il revient d'Algérie au début des années 1950.

Appartements très secrets

Philippe Auberger demande donc au directeur général Francis Mayer la liste des appartements de la Caisse, ainsi que celle de ses heureux locataires. Il ne l'obtiendra jamais. Il conseille à Francis Mayer de les vendre, car un scandale comme celui qui a coûté son poste à Hervé Gaymard peut en cacher beaucoup d'autres. Peine perdue. Aujourd'hui encore, le secret est jalousement gardé.

Olivier Mareuse, promu directeur des fonds d'épargne de la CDC, après avoir été le directeur financier du groupe, supervisait dans son ancien poste l'immobilier détenu par la Caisse. Il se montre disert sur à peu près tous les sujets, sauf un : les beaux appartements. Il peut discourir sans fin sur les parcs d'affaires, le financement des HLM, l'investissement dans le logement intermédiaire, la diversification nécessaire des actifs de la Caisse… Mais sur les lieux d'habitation chics que possède et loue l'institution, cet énarque, qui a effectué toute sa carrière dans la maison, fait un blocage. « Ils sont loués au prix du marché et il y a de la vacance, assure-t-il. Cela fait au moins dix ans qu'il n'y a plus de tarifs d'amis. D'ailleurs, nous ne recherchons pas du tout à avoir des personnes connues ou qui exercent des responsabilités importantes parmi nos locataires, car c'est une source potentielle de nuisances. Mais vu la nature des biens loués, c'est inévitable. » Les nomenklaturistes, les vedettes et leur progéniture seraient donc plus pénibles que la moyenne.

Il est vrai que Bernard Tapie a tympanisé l'entourage d'Augustin de Romanet parce que son fils, qui vivait en couple dans un appartement de Bagatelle et qui ne payait plus son loyer, risquait de se faire expulser. Un vrai drame social ! Un peu plus tard, c'est Rachida Dati qui pose quelques problèmes : alors qu'elle vient de quitter le ministère de la Justice et d'être élue député européen, elle emménage dans un appartement de la Caisse (plus exactement du groupe ICADE) et y fait faire de nombreux travaux d'aménagement. S'ensuivent des semaines de négociation avec le bailleur pour savoir qui, de l'ex-ministre ou de son propriétaire, doit payer. La CDC a préféré trouver un arrangement et accorder une « remise amiable » à cette locataire exigeante[1].

Mais Olivier Mareuse, lui, ne donnera aucun nom. Peut-il, au moins, fournir la liste des biens que possède la Caisse à Bagatelle et dans les quartiers huppés de la capitale ? Pas davantage. Et le montant des loyers, rapporté à la superficie et à l'emplacement ? Non plus.

Seul Robert Lion accepte d'en parler sans faux-semblant : « Il y a plusieurs centaines d'appartements très recherchés dans le quartier de Bagatelle à Neuilly. Ils se trouvent dans des immeubles construits dans les années 1930 par la Caisse des dépôts. Quand je suis devenu directeur général, on m'a expliqué que mon prédécesseur, Maurice Pérouse, avait la liste des attributions dont il décidait seul. J'avais passé la main au service du patrimoine immobilier au sein de la direction financière. Puis, pendant la première cohabitation, entre 1986 et 1988, le centriste Pierre Méhaignerie, qui était ministre de l'Équipement, a voulu libérer les loyers bloqués au titre de la loi de 1948. Son initiative a conduit à une augmentation de 140 % des loyers dans les appartements de la Caisse à Neuilly-sur-Seine. Les locataires, parmi lesquels de nombreux

1. Contactée par les auteurs sur ce sujet, Rachida Dati n'a pas souhaité nous préciser ni de quels travaux d'aménagement il s'agissait, ni de quels arguments elle avait fait état pour bénéficier de cette « remise amiable ». Ce qui, pourtant, aurait été très utile à de nombreux Français locataires de leur habitation.

hauts fonctionnaires dont une grosse poignée d'inspecteurs des finances, ont reçu la lettre un 31 décembre, cela a provoqué une vive émotion. Je me souviens encore du coup de téléphone furibard que j'ai reçu du maire de la ville, Nicolas Sarkozy, qui se trouvait aux sports d'hiver. » Drame chez les riches !

Hypocrisie d'État

Le successeur de Nicolas Sarkozy à Neuilly, le centriste Jean-Christophe Fromantin, est régulièrement montré du doigt pour le peu de logements sociaux disponibles dans sa ville. À l'occasion d'une réforme de la loi SRU (loi relative à la Solidarité et au renouveau urbain), en janvier 2013, le ministère du Logement avait même imaginé convoquer les journalistes dans sa commune de Neuilly pour clouer au pilori cette municipalité. Quand il a eu vent de cette initiative, Jean-Christophe Fromantin a décroché son téléphone et prévenu qu'il se ferait un plaisir de montrer aux journalistes les centaines d'appartements de luxe dans lesquels la Caisse des dépôts abrite depuis des années une bonne partie de la haute fonction publique, alors que sa mission consiste, entre autres, à financer des logements sociaux. C'est drôle, mais la ministre et ses conseillers ont décidé d'annuler leur petit voyage de presse.

Pourquoi la Caisse ne reconvertit-elle pas une partie de ces appartements en logements sociaux, pour suivre une mode lancée à Paris par Bertrand Delanoë et par Anne Hidalgo ? Dans une ville comme Neuilly, où le foncier est rare et cher, et où les programmes neufs sont donc difficiles à mettre en œuvre, il suffirait de changer la destination de quelques centaines de ces biens pour que le quota de HLM soit atteint comme par magie.

Mais non. Les hiérarques de la Caisse lèvent les yeux au ciel quand on évoque devant eux une telle solution. « C'est une partie de notre portefeuille de placements, destinée à créer de la plus-value », s'exclame Olivier Mareuse. Mais le fameux plan stratégique, qui évoque la transition démographique et souligne l'ardente obligation qu'il y a à construire des logements sociaux ? Cela n'a rien à voir, assure-t-il. Une belle hypocrisie !

Cette histoire des appartements de grand standing est révélatrice d'une omertà aux multiples facettes. Vis-à-vis des épargnants, tout d'abord. Ceux-ci voient les fonds qu'ils confient à la CDC rémunérés à des taux minuscules, à peine plus élevés que l'inflation. Mais ils n'ont pas le droit de savoir. Pas plus que le grand public, puisque, comme le mentionne Olivier Mareuse avec un certain embarras : « On ne donne pas la liste de ces biens. » Confidentiel défense, donc ? Bien entendu, puisque même la commission de surveillance n'a pas le droit de consulter un tel document.

Cette préférence pour le silence, à vrai dire, n'est pas nouvelle. Quand il arrive à la direction générale de la Caisse des dépôts, en 2012, Jean-Pierre Jouyet découvre que les dirigeants de CDC Entreprises, filiale à 100 % de la Caisse, ont mis en place un plan d'attributions gratuites d'actions (PAGA) pour un montant de 7 millions d'euros, montant très inégalement réparti entre les deux principaux dirigeants et le reste du personnel. L'ami de François Hollande s'émeut de cet enrichissement sans cause, dans une société 100 % publique, investie d'une mission d'intérêt général et offrant à chacun la sécurité de l'emploi. Mais que fait-il ? Met-il le dossier sur la place publique ? Pas du tout. Il demande aux bénéficiaires de ce PAGA de bien vouloir rendre l'argent, sur la base... du volontariat ! Certains accèdent à sa demande, mais beaucoup font la sourde oreille. Il se garde bien entendu d'ébruiter cette affaire, et ne juge même pas utile d'en dire un mot à la commission de surveillance.

C'est la même stratégie de dissimulation qui est à l'œuvre, cette fois au détriment des partenaires européens de la France, quand la Caisse fait du portage pour le compte de l'Acoss (Agence centrale des organismes de sécurité sociale), afin que l'endettement de celle-ci ne figure pas dans les comptes publics et, par conséquent, n'alourdisse pas le déficit public officiel scruté par les experts de Bruxelles.

Alors que la Caisse est 100 % publique, la transparence est bien plus faible que dans n'importe quelle société commerciale de droit privé. Jusqu'à un passé récent, les participations n'apparaissaient pas de façon exhaustive dans le rapport annuel. Et certaines étaient même cachées sous des noms de code incompréhensibles pour le commun des mortels. De plus, aujourd'hui encore, ce ne sont pas les montants investis qui sont mentionnés dans le document financier, mais les seuls pourcentages de participation.

Même le directeur général est victime, sinon de la loi du silence, du moins de la rétention d'informations que pratiquent certaines directions. Quand Francis Mayer ou Augustin de Romanet, deux personnalités par ailleurs aussi différentes que possible, sont arrivés à la Caisse, ils ont été court-circuités par certains services, qui préféraient discuter directement avec les cabinets ministériels. C'est peu dire qu'ils ne disposaient pas toujours de toutes les informations nécessaires pour rendre leurs arbitrages.

Mais ce n'est rien comparé à la loi du silence que doit affronter la commission de surveillance…

Sous la protection du Parlement…

« J'ai siégé à la commission de surveillance de la Caisse avant et après avoir été ministre, explique l'ancien sénateur de l'Orne Alain Lambert. Je n'étais pas tout à fait un débutant puisque j'étais rapporteur général du budget au Sénat. Pourtant, je croyais vraiment que la CDC, créée après l'une des plus grandes faillites de l'État, était placée sous la protection du Parlement, comme le stipulent les textes. Cette conviction, en vérité, était empreinte d'une grande naïveté. » Et ce spécialiste des finances publiques de poursuivre : « Cette indépendance de la Caisse s'est étiolée au fil de la Ve République, durant laquelle l'exécutif a repris la main progressivement. La commission de surveillance, à l'origine composée uniquement de parlementaires, a accueilli des personnalités qualifiées et de hauts fonctionnaires du Trésor, de la Cour des comptes ou du Conseil d'État, loyaux certes, mais liés par une forme de connivence. Pour moi, la Caisse n'est pas pilotée par le Parlement, mais par le Trésor, qui adore piquer dans la Caisse. »

Vu le niveau moyen du parlementaire français en matière de finance, il ne faut guère s'étonner que le contrôle exercé par les députés et les sénateurs sur une institution aussi complexe laisse à désirer. Un ancien président de la commission des finances du Sénat avait ainsi laissé son principal collaborateur sans voix le jour où, dans la voiture le conduisant à un colloque réunissant le gratin de la finance mondiale, dans lequel il devait intervenir, il lui avait demandé de lui rappeler la différence entre une action et une obligation.

Mais ce n'est pas une raison. La Caisse « est placée, de la manière la plus spéciale, sous la surveillance et la garantie de l'autorité législative », comme le stipule l'article L. 518-2 du Code monétaire et financier. La commission chargée d'exécuter cette mission mérite donc d'être éclairée autant que possible.

De ce point de vue, des progrès ont été réalisés. Quand Robert Lion prend les rênes de l'institution, en 1982, cette assemblée est composée de morts-vivants. Son président ne dispose même pas d'un bureau et doit pleurer pour se faire rembourser ses notes de taxi. La donne change en 1986. Robert Lion redoute que la nouvelle majorité de droite nomme un président particulièrement musclé et désagréable à son endroit. Il prend donc son téléphone et appelle un vieux camarade de Sciences Po, Jean-Pierre Soisson. « Tu fais en sorte d'être élu président de la commission de surveillance », lui dit-il. L'intéressé se met en campagne et est élu avec une voix d'avance sur son concurrent.

D'un commerce agréable, le nouveau président convient en tout point au directeur général. Mais il ne veut pas quémander le remboursement de ses notes de frais ni faire tapisserie dans un recoin. Soisson réclame donc un bureau, une secrétaire, une voiture et les facilités correspondantes. « C'est une des positions que j'ai préférées, se souvient l'intéressé, car vous avez en face de vous les plus belles têtes de l'administration française. » Des années plus tard, on sent de la nostalgie poindre dans ses paroles. D'autant que sa position de président lui assurait un service cousu main dans sa bonne ville d'Auxerre. Il avait exigé de son ami Lion que celui-ci délègue son meilleur collaborateur à la tête de la direction régionale de la Caisse. « Robert Lion m'a envoyé à l'Assemblée nationale pour me présenter à Jean-Pierre Soisson en fin de matinée, raconte François Drouin, à l'époque jeune polytechnicien du corps des Ponts. J'ai compris à la fin du rendez-vous que les deux hommes déjeunaient ensemble et que je saurais dans l'après-midi si j'avais réussi mon examen de passage. En fait, j'ai été sommé de m'installer dès le lendemain dans mes nouvelles fonctions. »

Ce qui n'a pas varié, ce sont les usages d'un autre âge que la direction générale pratique à l'égard des parlementaires chargés de la contrôler. Comme les colons distribuaient de la verroterie aux populations autochtones pour mieux les amadouer et les spolier, le directeur général sait se montrer généreux quand il se rend dans la circonscription d'un membre de la commission de surveillance. Il demande à l'intéressé de lui signaler deux ou trois dossiers qui lui tiennent à cœur afin qu'il les pousse auprès de sa direction régionale. Il peut aussi faire un petit geste de mécénat culturel. Le montant attribué dépasse rarement quelques milliers d'euros et il n'est pas forcément reconduit l'année suivante. Les temps fastes sont révolus.

Aujourd'hui, le président de la commission de surveillance dispose de toute une équipe pour instruire les dossiers. Il peut épauler le directeur général, comme le député filloniste Michel Bouvard l'a fait pour Augustin de Romanet, ou lui compliquer la tâche, comme Henri Emmanuelli s'y est parfois évertué aux dépens de Pierre-René Lemas. Mais il lui est difficile de s'opposer à une option stratégique, et plus encore de tirer la sonnette d'alarme auprès des parlementaires, comme il en a le droit. Cela ne se fait tout simplement pas.

Il suffit d'interroger des députés ou des sénateurs qui siègent ou ont siégé à cette commission sur la connaissance qu'ils ont eue de certains dossiers sensibles.

L'annonce de François Hollande concernant le rattachement de l'AFD à la Caisse ? « La Commission de surveillance a été mise devant le fait accompli. Elle n'a commencé à en discuter qu'après l'officialisation de ce rapprochement. »

Le financement de la Cité du cinéma de Luc Besson ? « Aucune discussion de fond n'a eu lieu. »

Le rapprochement Veolia Transdev ? « Quand on vous dit et vous répète que Veolia est la moins mauvaise solution, quand on vous présente l'enjeu économique en termes de soutien à l'emploi, à l'activité, avez-vous vraiment le choix ? »

« De toute façon, ajoute un des membres de la commission qui souhaite rester anonyme, le directeur général a toute latitude pour présenter un dossier sous son meilleur jour. »

Un exemple, encore, de la manière dont sont traitées ces personnalités chargées, « de la manière la plus spéciale », de la surveillance et de la garantie de la Caisse : les documents sur lesquels elles doivent statuer sont distribués, au mieux, 48 heures à l'avance, et quelquefois l'après-midi même où se tient la réunion bimensuelle. Ce qui est un peu court pour pouvoir instruire sérieusement un dossier.

Et puis, il y a l'usure : « Quand on fait remarquer qu'une ligne de titres de 400 millions d'euros n'est pas provisionnée, le directeur général et ses collaborateurs lèvent les yeux au ciel : on ne provisionne pas pour 400 millions d'euros. Alors c'est sûr qu'à la longue, on devient blasé. »

La bonne parole

Mais toutes ces particularités sont dissimulées derrière un vaste écran de fumée. Un service de communication pléthorique travaille pour porter la bonne parole aux journalistes, parfois sans excès de finesse. Le chef du service de presse récite sa leçon sur le plan stratégique et les quatre transitions que la Caisse a choisi d'accompagner : numérique, énergétique, démographique et sociale, territoriale.

Et tous les directeurs généraux comme leur entourage répètent sans rire le même mantra depuis des années : « Il faut arrêter de travailler en silo. » Autrement dit, il est nécessaire d'en finir avec les baronnies qui coexistent sans échanger la moindre information, sans impulser la moindre synergie. L'entourage d'Augustin de Romanet le répétait sur tous les tons. Jean-Pierre Jouyet n'avait que cette phrase à la bouche. Il s'en est même ému lors d'une séance de la commission[1] de surveillance de 2014. En des termes mesurés – et pour cause : son parcours n'est pas si éloigné de celui de ses subordonnés : « M. Jouyet indique avoir renoncé à mettre en place une organisation par pôles, qu'il souhaitait à l'origine pour des raisons, à la

1. Le 12 mars 2014.

fois psychologiques et culturelles propres à l'Institution, rapporte le compte rendu de la réunion. L'idée consiste donc à s'appuyer sur les référents, disposant tous d'une excellente connaissance du Groupe et de leurs secteurs respectifs, pour faire remonter et mettre en cohérence les objectifs, puis exercer une pression sur les différentes structures afin qu'elles concourent à leur mise en œuvre. Les divergences entre les diverses Directions, fonds ou autres doivent être atténuées, chacun devant se sentir membre d'un groupe, comme c'est le cas pour les six référents désignés. » En clair, Jean-Pierre Jouyet avoue son impuissance face aux barons de l'institution et explique qu'il a eu une idée sensationnelle pour gérer sa maison : se reposer sur eux plutôt que les combattre.

Sous Pierre-René Lemas, les belles paroles sur la guerre contre les silos ont toujours autant de succès. C'est en quelque sorte une antiphrase, qui signale que chacun continue à faire sa petite soupe dans ses petits pots.

Quelquefois, d'ailleurs, la recette fonctionne. Élisabeth Viola a été pendant trois ans directrice de la CDC pour la région PACA avant de rejoindre le siège pour prendre en charge l'ensemble des services bancaires. Durant ces trois années, elle a doublé le nombre de logements sociaux financés par la Caisse en Provence-Alpes-Côte d'Azur. Un enjeu majeur pour les responsables politiques régionaux, qui veulent attirer les entreprises sur leur territoire. Passionnée quand elle raconte comment elle s'y prend pour monter des projets qui engagent toutes les parties prenantes pour cinquante ou soixante ans, Élisabeth Viola maîtrise la culture maison sur le bout des ongles. Mais sur les sujets plus sensibles, elle devient muette. Ses relations avec les mairies Front national, et plus spécialement Fréjus, la plus importante en termes de population ? Elle assure que celles-ci, deux ans après les municipales, sont encore en période d'inventaire. Et avec Jean-Noël Guérini, président du conseil général des Bouches-du-Rhône de 1998 à 2015 ? Elle n'a rien noté de spécial. Non, ce qui l'intéresse c'est de « construire une dynamique au service du pays et des territoires ». Une phrase qui pourrait figurer en exergue du livre d'or de la Caisse et de la langue de bois réunies.

Finalement, les seules informations qui filtrent à l'extérieur et brisent l'omertà résultent de la guerre des clans qui sévit depuis tant d'années. Chaque baron a son « honorable correspondant » dans un média bien précis, à tel point que ses camarades sont capables de tracer le circuit suivi par l'information. Un des hiérarques de la Caisse, rétrogradé il y a quelques années, se venge de cet affront en alimentant un journaliste de la place avec une régularité de métronome. Une initiative bien éloignée, elle aussi, de l'intérêt général…

Chapitre 12

Le carrefour de la haute fonction publique

La Caisse leur appartient. Depuis toujours. Eux, ce sont les inspecteurs des finances et, à la rigueur, les énarques de la direction du Trésor. Bien entendu, dans la mesure où l'institution doit financer des infrastructures, quelques polytechniciens y sont tolérés, mais sans plus. Il en faut pour construire des routes et des ponts, ou encore mettre la France à l'heure des télécommunications.

La statue du Commandeur, à la Caisse, c'est François Bloch-Lainé. Un haut fonctionnaire comme on n'en fait plus, qui semblait avoir été biberonné dès son plus jeune âge aux valeurs du service public. Quand il devient directeur général de la Caisse, en 1952, la France est en pleine reconstruction. La tâche est exaltante et l'horizon semble infini.

Trois inspecteurs des finances lui succèdent : Maurice Pérouse, un collègue un peu vieille France qui laisse la bride sur le cou à ses directeurs et aux patrons de filiales ; Robert Lion, un homme de gauche que son appartenance au plus grand corps de l'État rend à peu près fréquentable ; et Philippe Lagayette, qui n'a pas trop de tous ses réseaux pour sauver l'institution, menacée par les oukases d'un ombrageux Premier ministre, Édouard Balladur, irrité au plus haut point par cet État dans l'État qu'il voudrait bien réduire en poussière.

Puis l'inspection subit plusieurs revers d'affilée. En 1997, c'est un « simple » administrateur civil au Trésor qui décroche le poste si convoité. Mais Daniel Lebègue est en quelque sorte inspecteur des finances *honoris causa*, puisqu'il a occupé l'éminente fonction de directeur du Trésor. Ensuite, deux directeurs généraux, Francis Mayer et Augustin de Romanet, qui ne font pas partie de la famille, se succèdent, jusqu'à ce que Jean-Pierre Jouyet, qui a même été le chef de corps de l'inspection des finances, sauve l'honneur. Mais le comble de l'horreur est atteint quand il quitte prématurément le navire, en 2014, pour rejoindre l'Élysée.

Un « autodidacte » aux commandes

Il est remplacé par Pierre-René Lemas, un préfet, autant dire un quasi-autodidacte aux yeux des seigneurs des grands corps ! Les inspecteurs des finances, qui pullulent dans le groupe, à commencer par ceux qui rêvaient, par promotion interne, d'accéder à la fonction suprême, sont consternés. Ils ne se font pas prier pour tourner Lemas en ridicule. Florilège des horreurs prononcées à son encontre : « Ce pauvre Lemas, quand il fait une conférence de presse pour annoncer les résultats, ne parle que des rémunérations. C'est pathétique. » Ou : « Il est dans sa tour d'ivoire. Il ne connaît pas les métiers de la finance. Donc il a peur de rencontrer les patrons du CAC 40, alors que c'est au cœur du job. » Ou encore : « Il est très préfet, habitué à obéir à une chaîne de commandement, alors qu'à ce poste, il faut agir de manière autonome. Si vous attendez le feu vert venu de l'échelon supérieur, vous êtes en situation de dépendance. » Sans oublier : « C'est comme si un joueur de division d'honneur était propulsé d'un coup en Champion's League. Il n'a tout simplement pas le niveau. » Et aussi : « Il ne connaît pas l'histoire de la maison. Il est passé par la Datar[1], qui a un logiciel très différent. C'est très bien pour lancer des projets d'infrastructures comme dans les années 1970, mais totalement inadapté à un univers dominé par les montages financiers. » L'un d'entre eux fait parler son inconscient très fort : « Ce n'est pas une question de compétence, c'est une question d'appartenance. »

Et quand le tout nouveau directeur général se rend, en juillet 2014, aux Rencontres économiques d'Aix-en-Provence, une manifestation haut de gamme où l'on évoque la mondialisation entre deux spectacles d'opéra, il n'en revient pas. Une journaliste le prend à part, le regard empli de compassion, et lui demande : « Cela ne va pas être trop dur ? »

La liste des griefs et moqueries pourrait se poursuivre, interminable. Un jeune baron se gausse de l'attitude de ce directeur général qui manque terriblement de morgue, et qui ressort hébété de la lecture des vacheries distillées par quelques « gorges profondes » dans les médias.

Pierre-René Lemas n'est pourtant pas, si on le juge par son action, plus mauvais que ses prédécesseurs. Mais

1. La Délégation interministérielle à l'aménagement du territoire et à l'attractivité régionale, créée en 1963 par le général de Gaulle.

il n'a pas beaucoup de soutiens, en interne comme en externe. S'il a déjeuné à l'automne 2016 avec Jean-Pierre Jouyet pour tenter de faire taire les rumeurs selon lesquelles le secrétaire général de l'Élysée lui voulait du mal, il n'en reste pas moins sidéré de la condescendance des uns et des autres. L'un de ses rares soutiens de poids est le président de la commission des finances à l'Assemblée nationale. Gilles Carrez défend publiquement le maintien de Pierre-René Lemas à son poste jusqu'au terme de son mandat, en mai 2019, alors que celui-ci est atteint dès 2017 par la limite d'âge de départ à la retraite fixé par son corps d'origine, la préfectorale. Les deux hommes se sont connus dans les années 1980, quand le premier travaillait sur les villes nouvelles au ministère de l'Équipement, tandis que le second était en charge des collectivités locales au ministère de l'Intérieur. Quatre promotions de l'ENA seulement les séparent : Guernica (1976) pour Carrez, Voltaire (1980) pour Lemas. Ils s'apprécient, et leur ancrage politique opposé est de peu de poids comparé à une estime réciproque qui s'est soudée trois décennies plus tôt.

Un tout petit monde

« Quand je suis arrivé à la Caisse des dépôts début juin 1982, je connaissais déjà un peu la maison par François Bloch-Lainé dont mon beau-père était un camarade de promotion au concours de l'inspection des finances, se souvient Robert Lion. Je le considérais un peu comme un gourou, lui qui avait façonné la Caisse de l'après-guerre, entre 1952 et 1967. C'est en pensant au travail qu'il avait accompli que j'ai décidé de me débarrasser d'un directeur sur deux. Il y avait trop de barons qui croyaient leur position acquise à vie. Les patrons de filiales venaient voir le directeur général une fois par an pour lui dire : "Il va falloir abandonner des créances." Ce n'était pas tolérable de voir des responsables investis d'une mission d'intérêt général se contenter de perdre ainsi de l'argent qui n'était pas le leur. »

À son arrivée, Robert Lion est stupéfait de constater que la Caisse garde pour elle tous ses profits, sans distribuer le moindre dividende ou la plus modeste redevance à l'État. Elle tire pourtant l'ensemble de ses ressources de la situation de monopole qui lui a été conférée, aussi bien pour les dépôts réglementés des notaires ou des administrateurs judiciaires que pour la collecte du livret A, dont 60 % tombent sans effort dans son escarcelle. C'est donc tout naturellement qu'au milieu des années 1980, il accède à la demande du directeur du Trésor, Daniel Lebègue, qui veut opérer une ponction sur les profits de la Caisse. Mais dix ans plus tard, le même Daniel Lebègue se retrouve patron de la Caisse à son tour. Et depuis son bureau de la rue de Lille, il fulmine. Contre qui ? Contre les hauts fonctionnaires du Trésor, à commencer par François Pérol et Xavier Musca, deux inspecteurs des finances qui, selon lui, font tout pour fragiliser l'institution. Encore un peu et l'ex-directeur du Trésor accuserait son ancienne maison de sabotage.

Le représentant de Bercy à la commission de surveillance ne cesse, assure-t-il, de faire de l'obstruction, d'ergoter sur les nouvelles missions qu'il veut assigner à la Caisse. Le Trésor imagine même de banaliser les produits qui ont fait sa fortune, du livret A aux dépôts des notaires. Autrement dit, de mettre fin à son monopole et de l'obliger à partager le trésor avec les banques privées, qui font du lobbying dans ce sens depuis des années. Autant dire tuer la poule aux œufs d'or.

Ce que raconte Daniel Lebègue en connaisseur, pour avoir été des deux côtés de la barrière, perdure depuis des années et peut se résumer ainsi : Bercy ne supporte pas l'autonomie de la Caisse, peuplée d'anciens du ministère qui souvent, de surcroît, gagnent mieux leur vie qu'eux et peuvent continuer de se prévaloir de missions d'intérêt général tout en flirtant avec le CAC 40. De quoi exciter bien des jalousies !

Les chassés-croisés embarrassants entre hauts fonctionnaires ne manquent pas. Ainsi, quand la Cour des comptes met au jour la distribution d'actions gratuites mise en œuvre par la direction de CDC Entreprises, elle épingle en premier lieu son patron, Jérôme Gallot, par ailleurs magistrat de la Cour des comptes en détachement. L'ambiance est tendue quand les hautes instances de la Cour délibèrent de la conduite à tenir : renvoyer ce collègue pris en faute devant la Cour de discipline budgétaire et financière ? Engager contre lui des poursuites disciplinaires ? Finalement, il ne se passera rien. Pour pimenter un peu plus la situation, le directeur de la communication de la Cour des comptes est alors un ancien de la Caisse des dépôts, où il a travaillé dix ans durant. Parler de consanguinité, dans de telles situations, n'est pas exagéré.

Les « trésoriens » haïssent la Caisse car ils ont tous rêvé d'en devenir le directeur général. Ainsi, Francis Mayer s'est-il insurgé contre son administration d'origine en ces termes : « Le principal reproche qu'ils me font, c'est de ne pas être fidèle à la direction du Trésor. » Autrement dit, de ne pas obéir au doigt et à l'œil.

Depuis le milieu des années 1980, cette administration peut au moins se venger une fois par an, ce dont elle ne se prive pas. Le jour où son directeur vient en personne à la réunion de la commission de surveillance, c'est que l'heure des comptes annuels a sonné. Il s'agit de fixer le montant du prélèvement qui sera opéré sur les bénéfices de la Caisse. L'idée initiale était de l'aligner sur ce que la CDC paierait au titre de l'impôt sur les sociétés si elle y était assujettie. Mais l'addition s'alourdit d'année en année, sauf en 2009, à cause de la crise financière et des sollicitations extrêmes opérées par l'État, qui ont pesé lourd sur le bilan de l'établissement public, en pertes. Le reste du temps, le Trésor prend ses aises. De 30 % des résultats au départ, la ponction s'élève, certaines années, à plus de 80 % de l'argent gagné par l'institution. Cette CRIS, Contribution représentative de l'impôt sur les sociétés, atteignait par exemple 54 % des bénéfices pour l'exercice 2011. Elle fait l'objet de savants calculs élaborés à Bercy, puis de discussions de marchands de tapis devant la commission de surveillance. Le Trésor commence par s'arroger 50 % des profits, avant de prélever une contribution supplémentaire décidée dans les années 1980, et qui a pris un caractère de moins en moins exceptionnel au fil du temps… Les chefs d'entreprise se plaignent souvent d'être surtaxés par un État vorace. Il leur suffit de se tourner vers la Caisse des dépôts pour se consoler.

Pour éviter que les bénéfices dégagés par la Caisse ne disparaissent dans le puits sans fonds du déficit budgétaire de l'État, le président de la commission de surveillance élu en 2012, Henri Emmanuelli, a trouvé une parade difficilement contestable par les inspecteurs des finances. Il met en avant le modèle prudentiel que doit respecter la CDC. Les pouvoirs publics avaient annoncé dès 2008 que le coffre-fort de la République se doterait d'un tel garde-fou, mais les choses ont traîné. Si bien qu'il a fallu attendre 2012 pour que soit déterminé un « corridor » dans lequel le niveau des fonds propres doit être maintenu. « Avant l'adoption de ce modèle, il était plus facile pour le Trésor de tondre la Caisse, assure ce parlementaire qui siège à la commission de surveillance. Désormais, c'est mathématique, il est impossible de minorer les fonds propres pour abonder le déficit public de l'État. »

Joker !

Daniel Lebègue avait été directeur du Trésor, ce qui rattrapait en partie son péché originel : ne pas être « de l'inspection ». Francis Mayer, administrateur civil aux finances comme lui, ne dispose pas de ce joker, puisqu'il n'a jamais eu le titre de directeur du Trésor, quand il fait campagne pour devenir directeur général. Il est certes très bien vu de Jacques Chirac, mais cela ne suffit pas. Il doit obtenir le parrainage de l'inspection, par le biais d'un de ses membres les plus influents. Il trouve un allié de poids : le patron du groupe hôtelier Accor, Jean-Marc Espalioux. Cet inspecteur des finances est parti très tôt faire carrière dans le secteur privé, quand le pantouflage était encore considéré comme une transgression. Regardé de travers pour sa désertion au milieu des années 1980, il est admiré pour son audace vingt ans plus tard. Jean-Marc Espalioux n'est pas indifférent aux qualités et défauts du directeur général de la Caisse, qui est actionnaire d'Accor. Il se trouve qu'il ne peut pas encadrer Daniel Lebègue, candidat à sa propre succession, et qui refuse de faire ses quatre volontés. Il fait donc ouvertement campagne pour Mayer dans tout Paris, au point que l'intéressé, le soir de sa nomination, lui laisse deux messages sur son répondeur pour le remercier. Oui, deux messages !

Quelque temps plus tard, Jean-Marc Espalioux rend encore service au nouveau directeur général qu'il a fait roi. Francis Mayer porte une étiquette chiraquienne à la boutonnière, ce qui n'est pas une qualité auprès de Nicolas Sarkozy, nommé à Bercy en mars 2004, et avec lequel tout carriériste doit désormais se montrer agréable. Qu'à cela ne tienne ! Le P-DG d'Accor est au mieux avec l'ancien maire de Neuilly, qui a toujours adoré les hôteliers de luxe et qui l'invitait souvent à dîner avec sa femme place Beauvau lorsqu'il était ministre de l'Intérieur. Cécilia jouait les maîtresses de maison, entre des hôtes comme Jean-Luc Lagardère ou PPDA. Espalioux s'emploie à mettre du liant entre le ministre et le patron de la Caisse.

À quoi sert tant d'obligeance quand elle est si mal récompensée ? Peu après l'arrivée de Nicolas Sarkozy au ministère de l'Économie et des Finances, Jean-Marc Espalioux a besoin de Francis Mayer. Il ne doute pas un instant de l'empressement de cet homme qui lui doit tant. Il souhaite augmenter la participation d'Accor dans le Club Med, puisque la famille Agnelli vend les 20 % d'actions qu'elle détient dans ce groupe. Mais il n'a pas la trésorerie nécessaire. Il demande donc à Francis Mayer l'aide de la Caisse : celle-ci doit racheter les actions

Club Med à la famille Agnelli, puis les échanger contre des actions Accor, et le tour sera joué. Il ne déboursera pas un centime, et la CDC augmentera simplement sa participation dans le groupe qu'il dirige.

Sauf que Mayer l'envoie paître. Jean-Marc Espalioux est outré. Il active d'urgence tous ses réseaux : à l'Élysée, l'inspecteur des finances Frédéric Lemoine, secrétaire général adjoint chargé des affaires économiques ; à Bercy, Nicolas Sarkozy en personne. Et Francis Mayer, qui aime se comporter comme un souverain en son royaume, est obligé de céder.

Pour ne pas perdre la face, il feint d'être l'organisateur de ce « mariage de deux champions français », comme il le dit dans la presse[1]. Mais en coulisses, il enrage et attend son heure. Espalioux va le payer cher. Durant l'été 2005, Francis Mayer va se présenter à Mougins, dans la propriété d'un des deux fondateurs du groupe hôtelier, avec un double objectif : critiquer Espalioux et éventuellement se placer lui-même pour l'avenir. S'il n'était pas renouvelé à la tête de la Caisse, Accor ferait un point de chute aussi prestigieux qu'agréable. Il réussit la première partie de sa mission au-delà de toute espérance. À la rentrée, Jean-Marc Espalioux apprend qu'il devra faire ses valises au 1er janvier 2006. On ne défie pas impunément le directeur général de la Caisse.

Francis Mayer n'a pas le temps de savourer cette vengeance très longtemps. Il décède en décembre 2006. Jacques Chirac a tout le loisir de nommer son successeur, mais il tarde à le faire. Et chaque jour qui passe rend la tâche plus ardue. Qui va-t-il promouvoir à un poste

1. *Le Figaro*, 14 juin 2004.

aussi décisif, alors qu'il quitte le pouvoir ? Ne devrait-il pas passer son tour, pour laisser l'initiative au nouveau président ? Non, finalement, il choisit son ancien secrétaire général adjoint à l'Élysée, Augustin de Romanet.

À peine élu, Nicolas Sarkozy trépigne déjà : ce chiraquien devrait, assure-t-il avec une mauvaise foi certaine, remettre son mandat en jeu... Autour du nouveau chef de l'État, un homme souffle sur les braises. François Pérol occupe les fonctions assurées naguère par Augustin de Romanet. Cet inspecteur des finances débine le nouveau directeur général autant qu'il peut dans Paris. Parce qu'il aurait aimé avoir le poste ? C'est ce que sa virulence pourrait laisser supposer. Ou tout simplement parce qu'il ne supporte pas qu'un « simple énarque », même pas membre d'un grand corps – et même pas sarkozyste ! –, ait pu hériter d'un si beau poste ?

Augustin de Romanet, en tout cas, doit faire face à la morgue de l'inspection, à l'intérieur comme à l'extérieur. Un des directeurs les plus hostiles profère à son endroit des menaces à peine voilées : « Je connais plus de journalistes que toi », lui lance-t-il un jour. Incroyable que de grands garçons, hyperdiplômés et théoriquement en charge de l'intérêt général, se comportent comme dans une cour de récréation ! En tout cas, Augustin de Romanet cherche des soutiens à l'inspection. Jean-Marie Messier, qui effectue son retour sur la scène française après s'être fait oublier quelques années, présente le double avantage d'être inspecteur des finances et d'entretenir des relations amicales avec Nicolas Sarkozy. Ce sont deux bonnes raisons de le faire travailler...

Romanet a été, selon le mot d'un haut fonctionnaire, « nommé par celui qui s'en va et pourri par celui qui arrive ». Il sait qu'il ne peut pas se succéder à lui-même. Il s'en va en laissant les clés de la maison à son adjoint, Antoine Gosset-Grainville, inspecteur des finances. Déjà, les couteaux sont affûtés dans les couloirs.

Caramba, encore raté !

Dominique Marcel est un énarque brillant, qui a connu un début de carrière fulgurant : conseiller économique et financier de Michel Rocard à Matignon à 35 ans, de François Mitterrand à l'Élysée avant de fêter ses 40 ans, directeur de cabinet de Martine Aubry au ministère de l'Emploi et de la Solidarité quand il était à peine quadragénaire, puis numéro deux du cabinet de Lionel Jospin, qui le nomme inspecteur des finances au tour extérieur, juste avant de quitter Matignon. L'année suivante, Dominique Marcel entre à la Caisse par la grande porte, comme membre du comité de direction et du comité de groupe en charge de la direction des finances et de la stratégie. Il a 47 ans. L'avenir lui appartient. Mais rien ne se passe comme prévu.

Fin 2006, le directeur général Francis Mayer décède après avoir voulu tout voir, tout contrôler, tout signer jusqu'au bout. Dominique Marcel, numéro deux de l'institution, assure l'intérim et rêve de franchir la dernière marche sans trop y croire. Son long parcours dans les cabinets ministériels de gauche, et pas n'importe lesquels, lui laisse peu d'illusions sur la probabilité que Jacques Chirac le promeuve avant de quitter l'Élysée. Cela ne l'empêche pas de voir arriver Augustin de Romanet au poste qu'il convoitait avec une certaine acrimonie. Mais il trouve vite une position de repli financièrement très avantageuse comme P-DG de la Compagnie des Alpes.

Quand François Hollande est élu, en 2012, ses espoirs renaissent. Las ! C'est Jean-Pierre Jouyet, l'ami du président, qui hérite de la position tant désirée. Le P-DG de la Compagnie des Alpes espère un lot de consolation qui n'est pas négligeable : directeur général de la toute nouvelle Banque publique d'investissement (Bpifrance), dont le nouveau chef de l'État avait annoncé la création pendant sa campagne. Il est confiant. Jean-Pierre Jouyet le lui a promis. Il dort sur ses deux oreilles en attendant le coup de téléphone qui sera son cadeau de Noël, en cette fin d'année 2012.

Encore raté ! C'est Nicolas Dufourcq qui lui est préféré. Un inspecteur des finances, un vrai, pas nommé au tour extérieur, mais sorti de l'ENA dans la botte, contrairement à lui, et qui plus est de huit ans son cadet. Pour couronner le tout, la mère de celui-ci, Élisabeth Dufourcq, fut l'éphémère secrétaire d'État d'un gouvernement de droite, celui d'Alain Juppé entre mai et novembre 1995. Dominique Marcel enrage. Qui l'a trahi ? Qui a posé son veto ? Il a trouvé : c'est Pierre Moscovici, le ministre de l'Économie et des Finances qu'il connaît depuis toujours, qui est sorti de l'ENA dans la promotion suivant la sienne et qu'il a reçu si souvent à dîner…

Dominique Marcel, bien obligé, reste vissé à son siège de la Compagnie des Alpes. Mais il entrevoit un espoir. Il devient de plus en plus évident que Jean-Pierre Jouyet ne va pas aller au terme de son mandat de cinq ans. L'intime du président piaffe d'impatience à l'idée de rejoindre l'Élysée. D'ailleurs, il multiplie les signaux encourageants, jusqu'à ce qu'il devienne encore plus précis. Lors d'une remise de décoration à André Yché, patron de la Société nationale immobilière (SNI), l'ami Jean-Pierre fait le malin. Il met Dominique Marcel en avant à tout propos, et s'en va répétant que c'est lui, Dominique, le vrai patron de la Caisse, qui va d'ailleurs le remplacer un jour. Et puis… C'est Pierre-René Lemas qui prend la succession, au plus grand dépit de l'éternel grand vizir Marcel. La vie est parfois bien cruelle !

La vérité, c'est que Jean-Pierre Jouyet est sincère quand il promet à Dominique Marcel de lui céder son fauteuil. Il a même imaginé, dit-on dans Paris, un petit Meccano comme seuls les nomenklaturistes sont capables d'en inventer. Il devient secrétaire général de l'Élysée et laisse son poste à Dominique Marcel, ce qui libère le fauteuil de P-DG de la Compagnie des Alpes dans lequel il est prévu d'asseoir le patron de la RATP Pierre Mongin, un préfet classé plutôt à droite, mais qui est aussi un camarade de la promotion Voltaire. La boucle est bouclée. Pierre-René Lemas, lui, doit prendre la place de Mongin à la tête de la RATP. De la belle ouvrage, sauf que Lemas ne joue pas à ce genre de jeu. Quand il est sur le point de quitter son poste à l'Élysée, il dit au Président qu'il ne demande rien. Question d'orgueil. Mais il est déçu, malgré tout, que celui-ci ne lui propose rien. Rien, si ce n'est une position lucrative mais sans intérêt. C'est à ce moment que celui qui est encore secrétaire général de l'Élysée pour quelques heures suggère d'être nommé à la tête de la Caisse. Le chef de l'État applaudit, bien content de se débarrasser d'un problème. Voilà pourquoi Dominique Marcel n'obtiendra jamais le poste dont il a rêvé pendant plus de dix ans. Et devra supporter un patron qui n'est même pas inspecteur des finances. Caramba !

Rappel Balladur au Mt Blanc et au Fréjus

De grands enfants

Il est même arrivé que le président de la commission de surveillance soit lui-même inspecteur des finances. Ce fut le cas, entre 2002 et 2006, de Philippe Auberger, député UMP de l'Yonne. Les réseaux, dans ce cas, fonctionnent encore plus intensément qu'à l'accoutumée. Ainsi Pierre Richard, le patron du Crédit local de France devenu Dexia, est une vieille connaissance, puisque les deux hommes appartenaient à la même promotion de l'X. Daniel Lebègue aussi, il était sur les bancs de l'ENA avec lui. Quant à Jean-François Roverato, le patron d'Eiffage qui demande l'aide de la Caisse pour résister aux assauts de son concurrent espagnol Sacyr, c'est également un polytechnicien. Jean-René Fourtou, qui appelle la CDC à la rescousse quand SFR, propriété de Vivendi, qu'il dirige, est en grande difficulté ? Il était de la promo avant la sienne à Polytechnique.

Tous ces hauts décideurs sont donc restés de grands enfants, qui continuent de comparer leurs rangs de sortie des grandes écoles alors qu'ils abordent gaillardement la soixantaine. Les chamailleries d'école maternelle atteignent parfois des sommets pour des broutilles. Un directeur de la Caisse s'est ainsi ému, il y a quelques années, que « sa » place de parking dans la cour d'honneur soit occupée par un autre véhicule que le sien. Dans la mesure où il disposait d'un chauffeur qui le cueillait directement à la sortie, ce détail n'avait aucune importance. Mais il s'est presque littéralement roulé par terre, considérant cette affaire comme de la plus haute importance. L'histoire ne dit pas si, de rage, il a décidé de fermer son livret A…

Chapitre 13

Le pape d'Avignon

En cette fin d'après-midi, dans la rame du Thalys qui file vers Bruxelles, les voyageurs ont la mine sombre et des cernes sous les yeux. Ils potassent leurs dossiers. Certains ne les ont découverts que la veille au soir et ont passé la nuit dessus. Dans ce « carré business », un compartiment où l'on se tient à l'abri des oreilles indiscrètes, Emmanuel Moulin, le directeur de cabinet adjoint de Christine Lagarde, la ministre de l'Économie, et Augustin de Romanet sont accompagnés de plusieurs banquiers qui conseillent l'institution de la rue de Lille. Thierry Varène, le représentant de la BNP, et Gérard Worms, de Rothschild, sont assis entre Philippe Villin, un énarque devenu banquier d'affaires après avoir dirigé *Le Figaro*, ainsi qu'un représentant de Merrill Lynch.

Augustin de Romanet s'inquiète. Qui doit venir les chercher à la gare du Midi pour rejoindre le 16, rue de la Loi, où se situent les bureaux du Premier ministre belge ? L'Ambassade de France ? Les équipes de Dexia ? « On ne va tout de même pas y aller en métro.. » Un peu surpris par les préoccupations terre à terre de celui qui, dans quelques heures, va devoir débourser 1, 2, 3 milliards d'euros, peut-être plus, on ne sait pas encore,

Emmanuel Moulin réserve plusieurs taxis par téléphone. Les voyageurs partiront en convoi.

Un peu plus tôt dans la matinée de ce 29 septembre 2008, Christine Lagarde a demandé au patron de la CDC de venir séance tenante rue de Lille, dans un hôtel particulier du VIIe arrondissement que le ministère des Finances a conservé après le déménagement à Bercy, et qui permet de régler certaines affaires discrètement, loin des regards des fonctionnaires. La ministre de Nicolas Sarkozy pose une ou deux questions à Romanet sur Dexia. Celui-ci la rassure :

« Dexia peut tenir trois semaines. Nous travaillons sur un plan de sauvetage. »

La ministre le coupe :

« Non, Augustin. Vous n'avez pas trois semaines. Vous partez pour Bruxelles. C'est très grave, ce qui arrive. Dexia ne passera pas le week-end et la Caisse prendra ses responsabilités. Après tout, c'est votre enfant. »

Augustin de Romanet est piqué au vif. La Caisse n'est plus qu'un petit actionnaire de Dexia. Mais il se rend compte que les gouvernements belge et français négocient dans son dos depuis plusieurs jours. Il vient de comprendre que, pour la partie française, c'est lui qui va devoir jouer les sauveurs et sortir le carnet de chèques. Car, à Bercy, les fonctionnaires du Trésor ont décidé, une fois de plus, que « la Caisse paiera ». Il est trop tard pour allumer un contre-feu. De toute façon, les parlementaires de la commission de surveillance ne viendront pas à son secours : Dexia a prêté tant d'argent aux collectivités qu'il est inimaginable que des élus signent l'arrêt de mort de la banque.

Il faut faire vite. Après la chute de Lehman Brothers,

deux semaines plus tôt, la crise financière ravage les marchés financiers. Toutes les grandes banques européennes sont en difficulté. Mais chez Dexia, Christine Lagarde a raison, c'est autrement plus grave : un des premiers établissements financiers européens au bord de la faillite ! Si personne ne fait rien, avec plus de 600 milliards d'engagements à son bilan, soit à peu près l'équivalent de la dette grecque, la banque franco-belge entraînera dans son sillage tout le système financier du Vieux Continent.

Arrivés à bon port rue de la Loi, Augustin de Romanet et Emmanuel Moulin sont accueillis comme des sous-fifres. « Vous êtes qui ? » demande Yves Leterme, le Premier ministre belge. Les deux Français comprennent qu'il ne s'agit pas d'une réunion technique et que la sélection tricolore est un peu légère pour l'objet de la réunion : ce n'est pas seulement de Dexia qu'il s'agit. Mais d'éviter une catastrophe dans toute l'Union européenne. Pas le choix : il devra payer.

« Je ne peux pas faire ça »

Au bout de la nuit, les comptes sont faits : pour la Caisse, ce sera 2 milliards d'euros, pour l'État français, 1 milliard. Pour les Belges, 3 autres milliards. Reste à régler un détail. Avant le départ de la délégation française, Nicolas Sarkozy, remonté à bloc par François Pérol, son conseiller pour les affaires économiques, a exigé que des têtes tombent. Il veut celle d'Axel Miller, le dirigeant belge de la banque. Et celle de Pierre Richard, le président français. Les Belges refusent. Ne pas laisser ce duo en place, disent-ils, c'est rajouter à la panique. Richard et

Miller connaissent les dossiers. Ils sauront quoi faire pour sauver ce qui peut l'être.

Emmanuel Moulin appelle l'Élysée. « C'est à prendre ou à laisser », dit-il au Premier ministre belge en raccrochant, pas mécontent de lui faire comprendre qu'il n'est pas seulement le collaborateur de Christine Lagarde mais qu'à Bruxelles, il est aussi la voix du président français. Leterme ne cède pas : il veut en discuter directement avec Sarkozy ou Fillon. En écoutant ce que lui dit son homologue français au téléphone, il comprend qu'il ne peut rien faire. Il est effondré : Axel Miller, le patron de la banque, est l'ami intime de tous les barons de la politique belge. La Wallonie et la Flandre sont les plus gros actionnaires de la banque.

Le Premier ministre belge demande au commissaire aux comptes de Dexia de faire le sale boulot et d'aller voir Axel Miller, réfugié dans un bureau voisin.

« Tu dois lui dire que les Français ne veulent plus de lui et qu'il doit renoncer à ses indemnités.

– Mais non, je ne peux pas faire une chose pareille !

– Les marchés ouvrent dans dix minutes. Le communiqué est prêt. Nous n'avons pas le choix. »

Les Français se chargeront, eux, du cas Pierre Richard. Après tout, chacun balaie devant sa porte. Et d'ailleurs, pour présider le nouvel ensemble, Nicolas Sarkozy n'est pas allé chercher très loin : ce sera l'inspecteur des finances Pierre Mariani, son ancien directeur de cabinet au ministère du Budget entre 1993 et 1995, qui est devenu l'un des dirigeants de la BNP.

L'« affaire Dexia » ne fait que commencer. Ce premier sauvetage, celui de septembre 2008, lorsque les Français prennent le Thalys pour Bruxelles, n'a rien réglé. Trois ans plus tard, il faut provisionner près de 10 milliards supplémentaires, et démanteler la banque pour éviter qu'elle ne contamine le reste de l'économie européenne.

Côté français, comme en 2008, la Caisse des dépôts, qui ne détient pourtant que 10 % de Dexia, est à nouveau priée de mettre au pot dans des proportions qui dépassent largement son implication dans le capital.

C'est que, pour tout le monde, à l'Élysée comme à Bercy, la CDC reste responsable à vie du monstre qu'elle a largement contribué à créer. Elle hérite ainsi des activités françaises de la banque. Elle doit aussi emprunter sous sa signature (et avec ses propres garanties) plus de 10 milliards qu'elle re-prête aussitôt dans des conditions très avantageuses à Dexia, qui n'a plus accès aux marchés.

Martingale infaillible et gros bonus

Petit à petit, surtout, le voile se lève sur le fonctionnement de cette banque dont les performances faisaient avant la crise l'admiration de tous. Les prêts aux collectivités locales ? Ils sont gorgés de produits toxiques. Les mairies en France comme en Belgique ne peuvent plus rembourser leurs traites. Dexia est le premier créancier de la ville américaine de Detroit, ruinée, qui a décidé de ne plus payer ses dettes. Elle possède aussi, aux États-Unis, un organisme, FSA, spécialisé dans les subprimes, et dont le portefeuille, estimé en 2007 à 20 milliards de dollars, ne vaut plus un cent… Le modèle économique lui-même semble soudain insensé : la banque a prêté plus de 350 milliards d'euros à long terme à des collectivités en finançant ces opérations par des emprunts à

et le rehaussement de notation a [illegible] par Martine Aubry pour Lille !

court terme. Un pari qui ne prenait pas en compte une éventuelle crise financière !

Chaque jour, ceux qui doivent faire le ménage découvrent l'impensable. Il faudra ainsi attendre plus de soixante ans pour éteindre le dernier emprunt toxique émis par la banque. Ils mettent au jour des situations surréalistes : deux ans avant la faillite, le numéro deux de la banque, Axel Miller, ne parlait plus au numéro trois, le Français Bruno Deletré, polytechnicien et énarque, inspecteur des finances bien sûr, qui dirigeait pourtant l'une des plus grosses filiales du groupe[1].

Quant à la politique salariale, elle a été particulièrement généreuse... pour les dirigeants ! Au début des années 2000, les patrons ont ainsi quadruplé leurs indemnités retraite. Un exemple ? Pour que Pierre Richard, président du conseil de surveillance et fondateur de Dexia, ne subisse pas une perte trop brutale de pouvoir d'achat au moment de prendre sa retraite, ses administrateurs ont accepté de provisionner plus de 10 millions d'euros. Et la générosité du conseil ne lui était pas réservée. Plusieurs pontes de la banque franco-belge ont profité de largesses équivalentes[2].

1. Les deux hommes se méprisaient cordialement et Bruno Delétré est finalement parti avec un gros chèque, juste avant la faillite. Il n'a pas eu à connaître les joies de Pôle emploi : il a réintégré son corps d'origine, puis a été chargé d'une mission par Christine Lagarde, qui l'a ensuite nommé à la tête du Crédit foncier de France. Seul désagrément : il a tout de même dû rendre une partie importante de ses indemnités de départ de chez Dexia après la faillite.

2. « Le capital initial mobilisé par la société, pour six bénéficiaires, s'est élevé au total à 20 595 129 euros, allant d'un capital

L'histoire retiendra que si Dexia a coûté plus de 10 milliards d'euros aux contribuables français, c'est la faute à la crise financière. La belle affaire ! Car cette faillite, c'est d'abord celle d'un cadre dirigeant de la Caisse des dépôts. Un homme qui a perdu le sens des réalités sans que personne, jamais, ne se mette en travers de sa route.

Un homme blessé

Au début des années 1980, Pierre Richard est un brillant fonctionnaire de la Caisse des dépôts, qui gère les crédits accordés aux collectivités locales. Ce X-Ponts dispose de l'un des plus beaux bureaux de la rue de Lille avec celui de Robert Lion, le directeur général. Il est passé par le cabinet de Giscard à l'Élysée. Il a obtenu que son patron crée pour lui le titre de directeur général « adjoint » de la Caisse, qui n'existait pas jusqu'alors. « Pierre Richard était issu d'une famille très modeste et attachait beaucoup d'importance aux attributs de la réussite », explique Robert Lion qui, en fin politique, s'était toutefois empressé de nommer un second directeur général « adjoint », afin que Pierre Richard ne se sente pas pousser des ailes trop vite. Même s'il était désigné « à vie », il avait compris que son subordonné rêvait de le remplacer.

En 1992, Richard sent que son heure n'est pas loin

individuel de 1 338 883 euros à 11 838 964 euros. Ces capitaux permettaient à l'origine le versement de rentes brutes annuelles allant de 60 872 euros à 563 750 euros », note un rapport de la Cour des comptes du 13 juillet 2013.

de sonner. Lion est affaibli : la victoire de la droite aux législatives n'est presque plus qu'une formalité. La suite, c'est Robert Lion qui la raconte : « Quand je décide de partir de la CDC que je dirige depuis dix ans, je ne mets pas tout de suite Richard dans la confidence : je ne suis pas sûr de sa discrétion. Je ne lui apprends mon départ que quinze jours à l'avance, et lui donne le nom de mon successeur. Il me demande : "Tu n'aurais pas pu penser à moi ?" Richard est ulcéré. Il me demande alors de lui décrocher un rendez-vous avec Pierre Bérégovoy, le Premier ministre, rendez-vous que je lui obtiens. Bérégovoy lui dit : "Lion a voulu un inspecteur des finances", ce qui était totalement faux. Ce jour-là, je l'ai vu dans ses yeux, Pierre Richard s'est dit : "Je prendrai ma revanche." En fait, je n'avais évidemment pas le pouvoir de nommer mon successeur. Mais c'est vrai que je n'ai pas fait campagne pour lui : il était mal vu de ses collaborateurs qui ne le trouvaient pas franc du collier. Il était proche de Balladur. Il n'avait aucune chance d'être nommé par la gauche. »

Pierre Richard est furieux. Il n'arrive pas à encaisser la nomination de Philippe Lagayette, l'ancien directeur de cabinet de Jacques Delors aux Finances. Il a aussi très mal vécu le tir de barrage des inspecteurs qui ont fait campagne pour l'un des leurs. Il doit se venger. C'est décidé, il deviendra banquier. Pas « un » banquier. Mais le plus grand des banquiers français. Et même européens.

Initialement, le Crédit local de France, qu'il dirige d'une poigne de fer, s'appelait CAECL (Caisse d'aide à l'équipement des collectivités locales). C'était une caisse autonome gérée par la CDC. Mais Pierre Richard fait évoluer son statut. En 1987, le CLF public est encore

100 % public, mais passe sous statut de droit privé. C'est un premier pas. En 1990, Pierre Richard inaugure la succursale américaine : CLF New York Agency. Wall Street n'a qu'à bien se tenir.

Grâce à ses bonnes relations avec le Premier ministre Édouard Balladur, qui rêve de démanteler la CDC trop puissante à ses yeux[1], Pierre Richard obtient vite un lot de consolation : il est autorisé à privatiser le Crédit local de France. Certes, la rue de Lille reste son actionnaire de référence. Mais le voici libre de faire ce qui lui chante. Et si Lagayette n'est pas content, il suffira à Richard de passer un coup de fil à Matignon pour se plaindre.

Méditations

1996. Pierre Richard a pris son envol depuis trois ans. Il raconte à un journaliste de *La Tribune* les secrets de sa réussite[2]. « Je médite tous les matins. Il me faut vingt minutes de calme, d'apaisement mental. La méditation m'est indispensable pour me détacher du superficiel. J'ai fait mes choix. Je ne veux pas copier mes collègues chefs d'entreprise qui se répandent partout, dans toutes les radios. Je me consacre à mon entreprise, sans me disperser. »

Le CLF s'apprête alors à fusionner avec une banque belge pour devenir Dexia. Pierre Richard roucoule de bonheur. Il est fier de son bébé qui détient des participations partout en Europe et aux États-Unis. Et même au

Projet dans l'air depuis 1987 !

1. Voir le chapitre « La vengeance de Balladur ».
2. 9 juillet 1996.

Japon où il n'a pas fait les choses à moitié : ses bureaux sont situés juste au-dessus des douves du palais impérial et comptent parmi les plus beaux de Tokyo. Il a enfin pris sa revanche.

D'ailleurs, au fil des interviews et des portraits qui lui sont consacrés pour célébrer sa trajectoire, il adore se vanter. Les hommes politiques ? Il en fait ce qu'il veut. La réforme de la décentralisation ? À ceux qui l'auraient oublié, il rappelle qu'il en est l'auteur quand il était au cabinet de Valéry Giscard d'Estaing par ces mots flatteurs (pour lui) : « J'ai proposé la réforme de la décentralisation. Elle m'apparaissait comme tout à fait fondamentale : la ville est affaire de démocratie, laquelle tient sa légitimité des élus. Il fallait donc remettre en cause la France jacobine, suivant en cela les enseignements d'Alexis de Tocqueville qui se trouvait être un des auteurs préférés du président[1]. » La création de « sa » banque ? « J'ai eu l'idée de créer la société Crédit local de France en 1987, pendant la première période de cohabitation où Jacques Chirac était Premier ministre. Il faut savoir saisir les opportunités pour agir ! » La privatisation quelques années plus tard ? « En 1993, avec Édouard Balladur, Premier ministre, et Edmond Alphandéry, ministre de l'Économie, j'ai obtenu la privatisation du Crédit local de France. J'ai agi, je ne m'en cache pas, au rythme de la vie politique française. C'est ce qui me permet de dire que, quand on veut quelque chose, il faut savoir être décidé et opportuniste. Jamais rien ne m'est tombé "tout cuit dans le bec". Tout ce que j'ai obtenu, je l'ai recherché moi-même. »

1. *Le Figaro*, 20 novembre 1999.

D'ailleurs, le pur génie de la finance n'est pas égoïste et partage volontiers ses petits secrets avec ceux qui voudraient suivre son bel exemple : « Ce sont les idées qui mènent le monde. Si un jeune a une idée, quels que soient son importance et son registre, il doit la défendre, car c'est à partir d'une telle démarche que se construisent les empires. Mais, pour cela, encore faut-il avoir une passion. » Celle de l'argent, par exemple ?

Il y a pourtant une chose que Pierre Richard ne dit pas, c'est qu'il ne pratique pas seulement Tocqueville et la méditation. Il sait aussi faire plaisir aux politiques avec l'argent des autres !

Une piscine ? Un théâtre ? Une école ? Une nouvelle mairie ? Dexia est là. En 1986, le CLF avait 10 milliards de francs d'encours auprès des collectivités. Vingt ans plus tard, ceux de Dexia représentaient 350 milliards... d'euros. Soit une multiplication par 2000 !

Pour que les politiques-dont-il-fait-ce-qu'il-veut comprennent bien sa stratégie, Pierre Richard a une idée en or : les faire directement participer à son rêve en leur offrant un siège au sein de son conseil d'administration. Au PS, il choisit Raymond Douyère, député de la Sarthe et proche de Laurent Fabius. Au RPR, c'est Jean-Pierre Roux, maire d'Avignon... la ville est la plus endettée de France en 1990 (la cité des papes a une dette de 1 800 millions de francs, pour un budget annuel de 1 200 millions de francs). Choisir un maire surendetté pour présider le conseil d'administration de son premier créancier, il fallait y penser.

Pierre Richard a très bien compris que la clé de ses beaux succès, ce sont les élus – ses clients – qui vont la lui offrir. Au fil des ans, il fait entrer dans son conseil des espoirs de la politique qui ne se plaignent pas de son choix : chaque administrateur touche 20 000 euros par an. François Rebsamen, le maire PS de Dijon, ou Jean-François Copé, le maire RPR de Meaux, sont ainsi désignés.

Chez Dexia, le client est roi. Philippe Valletoux, l'époux de Noëlle Lenoir, ministre de Jacques Chirac, est chargé du lobbying de Dexia auprès des élus. À Marseille, pour les municipales de 2008, la banque finance un sondage quelques semaines avant le scrutin. En 2000, c'est elle qui offre le buste de Marianne inspiré du doux visage et des formes généreuses de Laetitia Casta aux 36 000 communes françaises...

En retour, les élus sont reconnaissants envers cette banque si soucieuse de leurs préoccupations. Pierre Richard pousse à la consommation. « Avec les taux d'intérêt très bas que nous connaissons aujourd'hui, les collectivités locales peuvent sans complexe s'endetter un peu plus », assure-t-il en 1996.

Il se rend compte que les politiques – ses clients – ont une faiblesse : ils rêvent tous de revêtir les habits de Jack Lang. Il comprend vite que la culture, c'est chic, c'est agréable, et cela permet de se faire plein d'amis.

Le pape d'Avignon

En quelques années, il devient donc le « pape d'Avignon ». La ville qui accueille le célèbre festival est au bord de la ruine ? Pas grave. En 1984, alors qu'il est directeur général adjoint de la Caisse chargé des collectivités locales, il commence à dépenser sans compter pour le festival. Le

① Alum Sénat, CNIL, CE, C Const (1992-2001), Ministre (2002-4), Avocat maire, Jean-Pierre Roux, ne siège pas encore au conseil d'administration du CLF, le principal créancier de la ville, mais il est déjà très content.

Le fonctionnaire qui se rêvait banquier adore la scène. Il est d'ailleurs un peu saltimbanque. « Au théâtre, j'aime être près des acteurs. J'aime sentir vivre les gens », dit-il aux journalistes à qui il aime raconter que, jeune homme, il participait au club théâtre de l'X. Ou qu'il a joué la comédie dans un théâtre parisien devant quatre cents spectateurs en 1963 ou 1964 : il tenait le rôle d'un comte russe, appelé Tovaritch. Décidément, ce banquier a tous les talents.

Le festival permet de recevoir du beau monde… Chaque année Pierre Richard organise ainsi à Avignon une « université d'été » prisée des ministres, des patrons et des hauts fonctionnaires. Les plus beaux hôtels de la ville, les meilleurs restaurants sont réservés pour que, entre colloques et représentations théâtrales, ses invités puissent se détendre le temps d'un week-end.

Ancien patron de la commission de surveillance de la Caisse des dépôts, l'ancien député (PS) Jean-Pierre Balligand se souvient de ces rencontres « culturelles » : « On y voyait souvent Raymond Douyère, le député de la Sarthe, membre du conseil d'administration de la banque de Richard ; Christian Pierret, le maire de Saint-Dié-des-Vosges qui a présidé la commission de surveillance. Il y avait aussi Pierre Méhaignerie, le président de la commission des finances ; Alain Richard du PS ; les centristes Yves Jégo, François Bayrou, Anne-Marie Idrac ; et, bien sûr, tout le RPR. »

Avant le spectacle, il fallait quand même un peu travailler. Ou au moins faire semblant. Et le thème des

du CDA ! Maire PS Val d'Oise 1977-95

« universités d'été Dexia » était soigneusement choisi pour ne surtout pas fâcher les invités... En 1985, la première édition est consacrée à la décentralisation. Neuf ans plus tard, en 1994, le thème concerne les dépenses sociales des collectivités territoriales. C'est en réalité une séance défouloir pour les élus locaux qui – on s'en serait douté – dénoncent le manque de moyens. En 1995, c'est encore mieux ! Claude Goasguen, le ministre de la Réforme de l'État, et Nicole Ameline, sa secrétaire d'État, écoutent sans broncher les conclusions d'un rapport présenté par Jacques Méraud, inspecteur général de l'Insee qui démontre – ô surprise ! – que plus les collectivités locales investissent, plus la croissance de l'économie française est forte. Il n'y a même plus besoin de faire dans le message subliminal.

En 2003, Pierre Richard est au faîte de sa gloire. L'université d'été pose une grave question : « Politiques et marchés : qui décide ? » Anton Brender, l'économiste en chef de Dexia, raconte aux élus locaux, les clients de la banque, ce qu'ils veulent entendre : « Les marchés ne réfléchissent pas. Ils ont un comportement de réflexe, non de réflexion. » Ils sont, dit-il, au politique ce que « le cervelet est au cerveau ». Et pour bien faire comprendre aux élus ce qu'ils doivent faire, Anton Brender conclut : « Face aux marchés de plus en plus présents, il faut des politiques plus ambitieuses. » Et pour cela il faut donc... investir !

L'argent coule à flots et Pierre Richard n'oublie personne. Le Festival d'automne à Paris est exsangue : Dexia est là ! Les villes moyennes veulent offrir à leurs administrés quelques pièces de théâtre à l'affiche sur les Grands Boulevards parisiens : Dexia finance les tournées ! Et, comme Richard possède une résidence secondaire à Belle-Île-en-Mer, dans le Morbihan où, dit-il, il aime retrouver « l'harmonie réussie entre terre, mer et hommes, la quintessence de la beauté à l'échelle humaine », Dexia devient tout naturellement l'un des principaux mécènes du Festival lyrique en mer où se produisent de nombreux chanteurs venus des États-Unis.

À l'automne 2011, Olivier Nys, le directeur général des services de la ville de Reims, témoigne à l'Assemblée nationale devant la commission d'enquête parlementaire sur Dexia et ses crédits toxiques. Il livre son expérience : « Dexia a organisé un voyage de quatre jours à Rome, entièrement défrayé, pour tous les décideurs du grand Sud-Est – essentiellement les directeurs généraux, non les directeurs financiers – pour leur faire visiter sa filiale italienne. Quand on prend connaissance des contrats conclus dans la foulée par Dexia auprès des collectivités invitées, on constate qu'ont été signés de très grands emprunts, bien margés et donc très rentables, sans mise en concurrence. De même, Dexia invitait chaque année pour deux jours au Festival d'Avignon, dont il était le principal sponsor, les principaux décideurs territoriaux, élus et directeurs généraux des services – on évitait aussi les directeurs financiers –, les logeant dans le plus bel hôtel de la ville et les invitant à des tables étoilées. Les questions déontologiques sont là, mais elles valent pour tous : ceux qui proposent comme ceux qui acceptent et qui peuvent être tentés de renvoyer l'ascenseur[1]. »

1. Assemblée nationale, décembre 2011. Rapport fait au nom de la commission d'enquête sur les produits financiers à risque souscrits par les acteurs publics locaux, président : Claude Bartolone, rapporteur : Jean-Pierre Gorges.

Personne n'a rien vu

Grâce à sa générosité et à son entregent, Pierre Richard n'est pas vraiment embarrassé par les questions, ni dans l'arène politique ni au sein de son conseil d'administration.

À chaque nouvelle prouesse, tout le monde applaudit. Même les analystes financiers qui saluent par exemple le rachat de FSA, spécialisé dans les crédits à risques aux États-Unis. Une filiale gorgée de subprimes et d'emprunts toxiques.

À la Caisse, un homme tire pourtant la sonnette d'alarme. Daniel Lebègue, le directeur général. Cet ancien banquier déplore que la CDC détienne un peu plus de 10 % du capital de Dexia, mais n'ait plus aucune prise sur la banque. Il demande des comptes. En vain. « Alors que je présidais le comité des risques, Pierre Richard ne me donnait aucune réponse satisfaisante. Il s'éloignait du mandat initial à marche forcée, mais sans le dire clairement aux élus belges et français siégeant au conseil, qui ne comprenaient rien à ce qu'il était en train de faire. Il voulait prendre sa revanche sur les hauts fonctionnaires de Bercy, leur montrer qu'il était plus fort qu'eux. J'en ai ressenti un certain malaise. »

Pour protester, Lebègue démissionne du conseil de Dexia. Pierre Richard est furieux. Il s'agite pour que ce gêneur ne soit pas reconduit pour un second mandat ! Il fait ouvertement campagne pour un candidat venu de l'extérieur, Francis Mayer.

Ancien président de la commission de surveillance de la CDC, Philippe Auberger se souvient de ce moment étrange où le patron d'une entreprise a fait campagne pour évincer un de ses actionnaires : « Pierre Richard voulait se débarrasser de Lebègue. Je me souviens du Festival d'Avignon de juillet 2002 où Adrien Zeller, le sénateur centriste, un Alsacien comme Mayer, m'a entrepris sur les bienfaits d'une candidature Mayer. Richard et Mayer s'étaient connus à la BEI, la Banque européenne d'investissement, dont ils étaient tous les deux administrateurs, et Richard s'est battu dans tout Paris pour que Lebègue soit écarté de la Caisse. Pour le remercier, après sa nomination, Mayer a ensuite été aux petits soins pour Richard. C'est lui qui a poussé pour que la garantie de retour des personnels vers la Caisse soit de quinze ans et non de dix, ce qui était un gros avantage pour Dexia. »

En 2002, Francis Mayer, le nouveau directeur général de la CDC, revient s'asseoir au conseil d'administration de la banque de Pierre Richard qui s'en félicite : « C'est la confirmation que ces liens sont solides et durables, alors qu'on pouvait croire qu'ils se distendaient. La CDC a pu marginalement compléter sa participation dans notre capital, mais celle-ci reste inférieure au seuil de déclaration de 10 %. Francis Mayer, son directeur général, souhaite que la CDC soit de nouveau représentée à notre conseil d'administration. Cela me paraît tout à fait normal et conforme à une bonne "gouvernance" d'entreprise[1]. » Alléluia ! Que ces choses sont bien dites.

La presse est en pamoison devant ce banquier qui cite Confusius et n'a d'autre ambition que celle de « devenir un homme de bien, juste et calme dans l'épreuve, c'est plus important que ma carrière[2] ». Et celui-ci sait se

1. *Les Échos*, 14 novembre 2003.
2. *Le Monde*, 31 janvier 1996.

montrer généreux : lorsque Jean-Marie Colombani a besoin de faire entrer de nouveaux actionnaires au capital du *Monde*, qu'il dirige, il sait vers qui se tourner. Dexia verse son écot et Pierre Richard se retrouve dans la foulée au conseil de surveillance du quotidien du soir.

Mais pourquoi la presse se montrerait-elle suspicieuse alors que les administrateurs de Dexia suivent Pierre Richard comme un seul homme ? Gilles Benoist, par exemple, est le président du comité d'audit au sein du conseil d'administration. Ce n'est pas n'importe qui : il est le patron de la CNP. Voilà pour le CV officiel. Mais décortiquer sa carrière est instructif : entre 1978 à 1981, il était le directeur de cabinet de… Pierre Richard. Et entre 1987 et 1989 ? Son adjoint.

Quel tout petit monde !

Chapitre 14

Wall Street, prends garde à toi !

Depuis la crise de 2008, Gaël Giraud et Cécile Renouard réussissent enfin à se faire entendre. Alors qu'avant la débâcle financière personne ne daignait écouter ce qu'ils avaient à dire, ils sont aujourd'hui un peu les « chouchous » de nombreux oligarques et sont fréquemment invités à faire des conférences dans les cénacles patronaux les plus fermés.

L'un et l'autre ont un parcours assez étonnant. Ils sont tous les deux religieux. Après avoir fait Normal sup (en mathématiques), Gaël Giraud a gagné beaucoup d'argent comme trader, puis il est entré chez les jésuites. La vocation de Cécile Renouard est venue lorsqu'elle était plus jeune. Aujourd'hui, professeur de finance à l'École des mines, elle est entrée dans les ordres pendant qu'elle était étudiante à l'Essec.

Bien avant la crise, ces deux économistes tiraient la sonnette d'alarme et écrivaient des essais pour mettre en garde le secteur financier. Ce ne sont pas de dangereux gauchistes : l'un et l'autre estiment que la finance est un outil nécessaire à l'économie et que celle-ci est le meilleur moyen de favoriser le progrès humain. Mais à condition que la croissance serve d'abord à réduire les inégalités.

On ne sera pas surpris : Renouard et Giraud plaident avec conviction pour une finance éthique.

Lorsque les deux économistes ont commencé à se faire entendre (il a tout de même fallu la crise des subprimes et la faillite de la banque Lehman), la Caisse des dépôts n'a pas voulu être en reste. L'éthique, on aime beaucoup cela dans les couloirs de la rue de Lille. Du coup, la direction de la recherche a (modestement) financé deux livres auxquels Renouard et Giraud ont contribué. Est-ce de la mauvaise conscience ? De la schizophrénie ? Ou tout simplement de l'hypocrisie ? Car la Caisse n'est pas vraiment regardante lorsqu'il s'agit de jouer au casino financier. Certains cadres de la maison ont même tendance à se prendre pour des traders de Wall Street.

Les experts Friedland

Nous sommes au cœur du VIIIe arrondissement de Paris, dans un très bel immeuble haussmannien. Les étages du 41, avenue de Friedland hébergent un prestigieux cabinet d'avocats d'affaires, le siège parisien des champagnes Vranken. Un peu plus haut, on trouve les collaborateurs de l'un des plus grands commissaires aux comptes français, Didier Kling, ainsi qu'une petite structure de la BNP. L'immeuble abrite aussi les équipes de Qualium. Qualium ? C'est une discrète filiale à 100 % de la Caisse des dépôts. L'une des plus rentables aussi. C'est sa mission d'ailleurs : gagner le plus d'argent possible et aider quelques privilégiés à en gagner énormément. C'est cette société d'une trentaine de salariés de la CDC qui a permis à Alain Dinin et Stéphane Richard (l'ami de Nicolas Sarkozy, ex-directeur de cabinet de Christine Lagarde et actuel président d'Orange) de faire fortune au début des années 2000. Les deux hommes ont racheté à Vivendi, alors à deux doigts de la faillite (merci Jean-Marie Messier !), son pôle immobilier pour créer Nexity, le leader français de la promotion immobilière.

Un peu plus tard, Qualium a aussi épaulé les cadres de Cegelec, filiale que leur a vendu leur maison mère Alstom. En cinq ans (car ils ont vite revendu), les dirigeants se sont partagé plusieurs centaines de millions d'euros (à lui seul, le P-DG a gagné près de 150 millions d'euros dans l'opération). Gerflor ? C'est eux. Les restaurants Quick ? Même chose. C'est « grâce » à Qualium que la Caisse est devenue un opérateur de fast-food jusqu'à l'été 2016 (ces restaurants rapides ont été récemment repris par Burger King France qui doit en faire la base de sa guerre contre McDo)...

La plaquette officielle de Qualium ne dit pas tout cela. Elle a été conçue pour rassurer. « Nous sommes, explique le joli document imprimé sur papier glacé, le partenaire de confiance des PME – souvent familiales – qui cherchent à faire évoluer leur actionnariat, notamment dans des phases de transmission ou de financement de croissance externe. Qualium Investissement propose des solutions adaptées et innovantes pour assurer le développement de chaque entreprise. En totale adéquation avec la philosophie de la Caisse des dépôts, Qualium Investissement mène une stratégie d'investissement responsable, fondée sur une volonté d'accompagnement actif et durable des entreprises, de proximité et de partage de la vision stratégique avec le management. » À en croire ce plaidoyer, cette structure ressemblerait presque à une organisation philanthropique !

Si les dirigeants de cette filiale de la Caisse ont effectivement aidé une poignée de chefs d'entreprise à passer la main en douceur en montant progressivement au capital de leur PME (comme pour les poêles Invicta, une entreprise lorraine, par exemple), ce sont surtout des experts en LBO (*leverage buy-out*), une étonnante technique financière. Celle-ci s'est considérablement développée au début des années 2000 et consiste pour l'heureux acquéreur d'une société à emprunter cinq à dix fois les fonds propres de l'entreprise convoitée et à faire supporter à la proie le remboursement des dettes. La plus-value réalisée à la revente, si tout se passe bien, atteint donc 100 % du prix et même parfois davantage.

Lors de la crise de 2008, plusieurs entreprises sous LBO ont été conduites à la quasi-faillite, comme Pages Jaunes, devenue Solocal, aujourd'hui gorgée de dettes (dans ce cas précis la CDC n'y est pour rien) et qui, malgré sa rentabilité opérationnelle, ne peut plus honorer les remboursements exigés par ses créanciers.

Bien que filiale à 100 % de la Caisse, Qualium est une sorte d'État dans l'État. Pas tellement parce que les financiers de ce fonds passent leur temps à faire des caprices quand ils ne montent pas des LBO. Mais parce que, au grand casino de la finance, il y a des règles très strictes à respecter. Pour bénéficier de l'agrément de l'AMF (Autorité des marchés financiers) en tant que fonds d'investissement, les décisions des gestionnaires de Qualium doivent être totalement autonomes. Ceux qui leur confient des centaines de millions d'euros à investir (en l'occurrence, pour Qualium, la CDC) n'ont pas à influencer leur jugement. Est-ce pour ne pas risquer de croiser un directeur de la Caisse à la machine à café que les cadres de Qualium se sont installés avenue de Friedland et non pas rue de Lille ?

Le problème, quand on veut jouer au Monopoly, c'est qu'il faut souvent s'associer avec d'autres financiers pour monter des opérations. Cela s'appelle la gestion du risque ou bien, plus simplement, ne pas mettre tous ses œufs dans le même panier. Et parfois, la Caisse se retrouve donc en compagnie de personnages qui n'ont pas pris le temps de lire Gaël Giraud et Cécile Renouard.

« J'ai beaucoup de sympathie pour le Luxembourg »

En 2012, elle a participé au tour de table du fonds Émergence qui lui-même avait investi plusieurs dizaines de millions d'euros dans un second fonds baptisé Diva Synergy Ucits, géré par la société Bernheim, Dreyfus and Co. Problème : en fouillant un peu, l'hebdomadaire *Marianne*[1] a découvert que cette société de gestion de portefeuille, agréée par l'Autorité des marchés financiers, gère par ailleurs – en toute légalité – depuis fin 2006 un *hedge fund* offshore immatriculé aux îles Vierges britanniques, et dont le nom est sensiblement le même que le fonds français : Diva Synergy Limited. Les îles Vierges britanniques sont bien connues pour leur climat fort agréable. Mais pas seulement : en 2012, lors du lancement du fonds, elles faisaient partie de la liste « grise » des paradis fiscaux non coopératifs publiée par

1. 12 juillet 2012.

Bercy[1]. On se demande quelle tête a faite Jean-Pierre Jouyet, le meilleur ami du président-qui-n'aime-pas-la-finance-son-ennemie, quand il a découvert que la Caisse travaillait main dans la main avec des gens qui connaissent bien les Caraïbes. Les détenteurs de livret A apprécieront.

Certains ont parfois des sueurs froides quand ils découvrent que la maison monte des LBO et participe aux tours de table de fonds spéculatifs. Mais ce désaroi ne dure jamais longtemps. Les sceptiques sont rapidement priés de se taire. Le 13 juin 2012, lors d'une réunion de la commission de surveillance de la Caisse, le sénateur Jean Arthuis demande ainsi quelques précisions sur un fonds, baptisé « Marguerite », que la Caisse a monté avec plusieurs banques. Ce qu'il a découvert en lisant le « prospectus » (c'est comme cela que l'on dit) qui en présente les caractéristiques ne lui a pas du tout plu : « Le fonds Marguerite a pour objectif un retour sur investissement annuel compris entre 10 % et 14 %. Il [Jean Arthuis] considère que c'est ce type d'objectif qui a contribué à la dégradation de l'économie. Il se demande si l'hyperfinanciarisation et les profits de très court terme constituent réellement le modèle économique de la Caisse des dépôts. M. Arthuis relève également que le fonds Marguerite est une structure de type SICAR, une société de droit luxembourgeois. Même s'il a beaucoup de sympathie pour les spécificités et les singularités du droit luxembourgeois, il se demande si une société de droit luxembourgeois correspond vraiment à la vocation de la Caisse des dépôts. »

Consignée elle aussi dans le compte rendu de la séance,

1. En 2014, après un accord avec la France, elles ont quitté cette liste tout en restant un paradis fiscal.

la réponse du président, Michel Bouvard, traduit un certain agacement : « M. Bouvard précise que le positionnement de Marguerite au Luxembourg est une question qui a été posée au moment de sa création. Les réponses qui ont alors été apportées à la commission de surveillance se sont avérées convaincantes. » En clair, « Circulez, il n'y a rien à voir » ou bien, dit autrement : Jean Arthuis est bien aimable de nous avoir fait connaître son indignation, mais il n'aura pas de réponse à un sujet pourtant majeur – la Caisse a-t-elle vraiment vocation à se comporter comme un acteur financier lambda ?

Une note pour le ministre

Maurice Pérouse est l'un de ces brillants inspecteurs des finances de la direction du Trésor pendant la période des « trente glorieuses ». Il travaille sous les ordres de François Bloch-Lainé, puis de Pierre-Paul Schweitzer, avant de leur succéder à la tête de la plus puissante des administrations de la rue de Rivoli (c'est là, dans une des ailes du palais du Louvre, qu'était installé le ministère des Finances).

Au milieu des années 1960, alors qu'il est directeur du Trésor, Pérouse a un rêve. Il veut faire de Paris une grande place financière au même titre que la City de Londres et que Wall Street. En 1966, il écrit ainsi une note de dix pages au ministre de l'Économie (c'était Michel Debré) intitulée « Développement de Paris en tant que place financière internationale »[1] et qui brosse plusieurs scénarios

1. Laure Quennouelle-Corre, « La direction du Trésor 1947-1967 », thèse d'État publiée aux éditions de l'Institut de la gestion

pour que la capitale française, déjà distancée par Londres et New York, reste dans le trio de tête.

Quinze ans plus tard, en 1979, Pérouse est cette fois à la tête de la Caisse (il y a été nommé en 1967) et Raymond Barre, le Premier ministre, lui demande de monter un groupe de travail composé de professionnels du secteur de la finance. But : réfléchir à une grande réforme de la Bourse de Paris. Pérouse met toute son énergie dans ce projet (la gestion de la Caisse au quotidien ne l'amuse plus vraiment beaucoup). Il a regardé ce qui se passe aux États-Unis en détail et suggère notamment la suppression des agents de change, la création des comptes titres boursiers, la suppression du palais Brongniart, l'introduction de systèmes informatiques complexes, etc. C'est une véritable révolution du secteur que Pérouse et son groupe d'experts proposent à la veille de la présidentielle de 1981.

Après l'alternance, ce sont les technocrates de gauche qui travaillent pour Jacques Delors, Pierre Mauroy puis, plus tard, pour Pierre Bérégovoy qui vont mettre en place cette réforme. Ces jeunes socio-démocrates dont beaucoup iront ensuite travailler dans le secteur privé ne s'assument pas encore libéraux. Mais ils sont persuadés que la financiarisation de l'économie va offrir la possibilité de révolutionner le capitalisme traditionnel, de mettre fin à l'économie de rente et au capitalisme d'héritiers. Ils veulent être les architectes de cette mutation inventée par un directeur général de la Caisse[1].

---

publique, Comité pour l'histoire économique et financière de la France.

1. Nous avons longuement raconté cet épisode dans *La Caste cannibale*, livre publié en 2013 aux éditions Albin Michel.

La Caisse à la manœuvre

Quand Robert Lion, puis Philippe Lagayette (le premier vient du cabinet Mauroy, le second du cabinet Delors) sont nommés à la tête de la Caisse (respectivement en 1982 et en 1992), ils tiennent à ce que leur maison joue un rôle central dans cette financiarisation de l'économie. L'un et l'autre restent persuadés que l'État, ou en tout cas la sphère publique, peut rivaliser avec le secteur financier. Ils y voient aussi un moyen de dépoussiérer l'institution qu'ils dirigent et dont ils cherchent à réinventer les missions. Il s'agit aussi pour eux de mener un combat politique. Pendant que la droite ne parle que de « noyaux durs » et de « privatisation » et que les ultras du PS continuent à croire aux nationalisations (en tout cas à le dire aux électeurs), eux rêvent d'une troisième voie. Au nom de l'intérêt général, la Caisse pourrait faire jeu égal avec les banques privées.

Doivent-ils forcer la main au législateur ? Ils n'ont même pas besoin de le faire. Dans les années 1950, la Caisse avait obtenu du Parlement l'autorisation de transférer une toute petite partie de ses actifs en actions. C'était déjà une révolution. Mais au début des années 1980, la Caisse a presque carte blanche. La loi lui fait même obligation, comme pour les assureurs, de détenir des valeurs liquides afin de pouvoir faire face à d'éventuels retraits massifs du livret A. Pour Lion puis pour ses successeurs, c'est la justification des ambitions financières qui doivent, selon eux, animer la Caisse.

Le bras d'honneur

Les banques voient d'un mauvais œil cette concurrence déloyale. Les observateurs les plus avisés s'inquiètent de voir une institution garante de l'épargne des Français jouer au casino. Paul Fabra, l'un des plus brillants chroniqueurs économiques de l'époque, écrit ainsi une série d'articles mettant en cause la stratégie de Robert Lion. « Il y a une quinzaine d'années, écrit-il, des esprits forts proposaient que la Banque de France, au lieu de se contenter d'acheter des créances à court terme, acquière des participations dans le capital des entreprises ! La Caisse des dépôts ne sort-elle pas pareillement de son rôle en affectant à des achats de valeurs à revenus variables (et donc à cours fluctuants) des fonds dont l'origine est constituée par des dépôts pratiquement à vue[1] ? » Quelques jours plus tard, l'éditorialiste revient à la charge et pose une série de questions. « La Caisse des dépôts est-elle bien inspirée de vouloir jouer les banques d'affaires, même si cette activité est soigneusement séparée de la gestion des fonds d'épargne ? Cette fonction et le désir de la développer sont-ils des facteurs positifs pour le marché de Paris ou bien celui-ci est-il appelé à pâtir de la confusion qui en résulte parfois dans les esprits, notamment à l'étranger[2] ? »

Fabra n'est pas le seul curieux. La même année, la Cour des comptes publie un rapport – certes assez peu critique dans l'ensemble, mais qui a tout de même le

1. *Le Monde*, 15 novembre 1988.
2. *Le Monde*, 29 novembre 1988.

mérite de poser des questions directes. Comme celle-ci : la Caisse se met-elle en danger à trop s'exposer sur les marchés ? La réponse de Robert Lion est immédiate. Il donne une longue interview au *Monde* et répond point par point. « Je suis attentif aux contrôles. Ils sont indispensables pour une maison comme la Caisse des dépôts, où tous les jours se prennent des milliers de décisions, parmi lesquelles, évidemment et statistiquement, il peut y avoir des erreurs. J'ai moi-même considérablement développé l'audit et le contrôle internes, à la manière de ce que font les cabinets anglo-saxons. Je comprends qu'il existe aussi des contrôles plus classiques et administratifs, même si la réalité pour nous est de plus en plus celle des marchés. Beaucoup de leurs critiques ou suggestions nous sont précieuses, quand elles ne débouchent pas sur la polémique et quand il ne s'agit pas de nous condamner aujourd'hui pour des procédures d'avant-hier que nous avons réformées hier. Une soixantaine d'opérations boursières ont été étudiées [par la Cour des comptes]. Trois ou quatre ont été retenues. Ce que je regrette, c'est qu'à partir d'observations ponctuelles, dont je ne partage pas les conclusions, des jugements généraux aient été formulés – et largement repris. »

Si cela ne s'appelle pas un bras d'honneur de Robert Lion aux magistrats de la Cour des comptes, cela y ressemble. Et que disent, à l'époque, les parlementaires de la commission de surveillance de la Caisse ? Rien. Ils font confiance au directeur général (nommé à vie) et à sa stratégie.

La course folle

Les agences de notation Standard & Poor's et Moody's commencent à jouer un rôle de plus en plus important dans le secteur de la finance ? Au début des années 1980, la Caisse délègue quelques cadres pour tenter de monter une agence concurrente et « 100 % *made in France* ». Mais ce beau projet ne verra jamais le jour.

Le département recherche de la Caisse, lui, est à l'affût de toutes les innovations. Il accueille ainsi à bras ouverts Nicole El Karoui, considérée comme la meilleure experte en mathématiques financières par le *Wall Street Journal*. C'est à la Caisse qu'elle va tout apprendre des marchés financiers pour ensuite créer un master à Paris VI (réputé pour être le plus performant au monde en matière de mathématiques financières) et enseigner la finance à l'École polytechnique.

La CDC ne s'arrête jamais. Face à la Deutsche Börse, la Bourse de Paris a des rêves de grandeur et s'associe avec celle d'Amsterdam, de Bruxelles et de Lisbonne pour donner naissance à Euronext ? La Caisse achète un gros paquet du nouvel ensemble.

Pendant ce temps-là, rue de Lille, on ripoline certaines filiales. CDC Gestion et CDC Trésor deviennent CDC Asset Management Europe (CDC AM Europe), sans doute parce que dit ainsi, c'est beaucoup plus chic. Puis c'est CDC Finance qui est créée. À la fin des années 1990, ces nouvelles structures recrutent à prix d'or et à tour de bras des équipes performantes (des Britanniques et des Américains deviennent à cette occasion salariés de la CDC, une première dans l'histoire). Des millions de dividendes tombent dans l'escarcelle de la Caisse et tout le monde applaudit.

Allô, Singapour ? Achetez !

En 2001, l'époque où Robert Lion envoyait promener les journalistes et les magistrats de la Cour des comptes parce qu'ils posaient des questions sur sa stratégie est bien lointaine. Cette année-là, aucun ministre de Lionel Jospin ne pense sérieusement que la finance est un ennemi et les journalistes se pâment devant les ambitions de cette institution publique pas comme les autres. La Caisse s'apprête même à créer CDC Ixis, une véritable banque d'affaires ! Et tout le monde trouve cela formidable.

L'argent coule à flots, c'est suffisant. En 2002, pourtant en pleine tourmente financière, la nouvelle filiale CDC Ixis rapporte près de 270 millions d'euros de résultat ! Petit à petit, on recrute des équipes à Francfort et à New York. Puis la Caisse ouvre un bureau à Singapour pour gérer ses activités au Japon (CDC Asset Management Japan) et dans le reste de la région (CDC Asset Management Asia). La Caisse ne se refuse rien. Elle va même chercher des clients sur des terrains qui paraissent bien éloignés de sa vocation.

En 2002 toujours, les dirigeants de CDC Ixis veulent devenir des financiers comme les autres. Mais pour cela, ils doivent couvrir tous les métiers du secteur. Et pourquoi pas concurrencer des banques « privées » comme Rothschild ou Oddo, qui n'ont jamais ouvert un guichet de banque, mais offrent tous les services à quelques très riches détenteurs de patrimoine. CDC Ixis se lance donc dans la chasse aux particuliers dont le patrimoine financier dépasse 5 millions d'euros en créant une filiale dédiée à cette clientèle très exigeante. Comme chez Rothschild, tout le monde n'est pas le bienvenu. Il faut accepter de confier au minimum 1 million d'euros pour avoir le droit d'être client. On est loin du livret A ! Et encore : les responsables cherchent d'abord les bénéficiaires de plans de stock-options et, surtout, les actionnaires de holdings familiaux. Car CDC Ixis Private Capital Market voit les choses en grand : ses responsables veulent un niveau d'encours de 5 milliards d'euros environ d'ici à 2005.

Délits d'initiés

« Suite aux variations importantes en termes de volume et de cours observées sur les marchés obligataires, comptant et dérivés, la COB[1] fait une enquête afin de pouvoir recueillir l'ensemble des informations nécessaires auprès des différents intervenants. » C'est un communiqué du gendarme des marchés de juin 1999. S'il est très prudent et un peu abscons dans sa formulation, c'est que les enquêteurs de la COB sont bien embarrassés. Leur enquête porte sur des accusations gravissimes et mettent en cause deux établissements majeurs de « la Place », comme l'on dit dans les affaires pour parler du secteur financier français.

Ces deux établissements sont la BNP et la Caisse des dépôts. Ce sont eux qui organisent le fonctionnement du Matif (Marché à terme international de France), une

1. Commission des opérations de Bourse, l'ancêtre de l'AMF.

Bourse des produits dérivés qui a vu le jour au milieu des années 1980, censé révolutionner le fonctionnement des marchés traditionnels et concurrencer le Nasdaq américain.

Or, ce marché vit en réalité sous perfusion. C'est ce que les enquêteurs ont découvert : huit établissements financiers français, dont la BNP et la Caisse des dépôts au premier chef, n'ont rien trouvé de mieux que d'augmenter fictivement le volume d'activité du Matif. Petit à petit, le scandale des « vrais-faux » ordres touche toute la Place. Il s'agit ni plus ni moins d'une opération « de manipulation de cours » qui n'intéresse plus seulement la COB, mais aussi la brigade financière, chargée d'une enquête préliminaire[1]. C'est un délit pénal.

L'histoire sera malgré tout enterrée. Au fil des ans, la très longue investigation montrera que personne ne s'est enrichi à titre personnel (la BNP et la CDC ont plutôt perdu de l'argent) et que l'opération a d'abord été montée « au nom du drapeau français » pour consolider les positions de la place de Paris. Pour la Caisse, l'honneur est sauf... C'est pourtant une alerte. Mais personne ne se pose de question : est-il si grisant de se prendre pour un trader de Wall Street ?

1. L'article 10-3 de l'ordonnance de 1967 qualifie de manipulation de cours « le fait, pour toute personne, d'exercer ou de tenter d'exercer, directement ou par personne interposée, une manœuvre ayant pour objet d'entraver le fonctionnement régulier d'un marché d'instruments financiers en induisant autrui en erreur ».

Où sont passés les millions ?

Un peu plus tard, alors que le réchauffement de la planète devient un enjeu mondial, la Caisse ne veut pas rester à l'écart d'une des décisions du protocole de Kyoto. Il a été convenu par les gouvernements de créer des Bourses de « droits à polluer » dans les pays développés. Les entreprises les plus polluantes doivent acheter de tels droits, cotés en Bourse. La Caisse n'hésite pas une seconde : en quelques semaines, la décision est prise : elle devient l'actionnaire à 40 % de cette Bourse du carbone, BlueNext, et son opérateur pour la France. Au début, tout se passe comme dans un rêve : les transactions sont de plus en plus importantes. Ce que ne voient pas les équipes de la CDC, c'est qu'une poignée d'escrocs ont imaginé une martingale complexe pour voler l'État français grâce à ces transactions. C'est l'une des plus grandes escroqueries de ces dernières années qui a coûté plusieurs centaines de millions d'euros à l'État.

La Caisse n'a évidemment rien à voir dans cette activité criminelle. Les deux principaux accusés, Arnaud Mimran et Marco Mouly, ont été condamnés en 2016 à huit ans de prison (ils ont fait appel de ce jugement). Mais en février 2012, la Cour des comptes a publié une appréciation dévastatrice de l'attitude de la Caisse et de ses responsables. La lecture de quelques extraits se passe de commentaires : « La vérification systématique par la Caisse des dépôts et consignations de [l'identité des opérateurs] s'est faite dans un premier temps sans aucun contact physique avec les demandeurs, même pour ceux qui n'étaient ni des entreprises assujetties aux quotas, ni des organismes financiers [...]. [BlueNext et la Caisse] n'ont pas rempli le rôle d'expertise qui aurait dû être le leur vis-à-vis de l'administration fiscale pour expliquer le fonctionnement réel de ce marché nouveau et les risques spécifiques qu'il comportait. »

Cet épisode a-t-il échaudé la direction de la Caisse ? Cette sordide affaire (il y a eu un meurtre parmi les escrocs) l'a-t-elle poussée à se tenir à l'écart du monde la finance ? Pas le moins du monde. Fin 2015, l'institution de la rue de Lille réunissait tous les acteurs de la Place pour discuter d'un sujet fascinant : les blockchains, une technologie inspirée des monnaies virtuelles comme le bitcoin, qui permet de se passer des banques. Quelques semaines auparavant, le New York Stock Exchange avait annoncé que les échanges par blockchains allaient devenir l'avenir du monde financier et que, grâce à eux, les banques disparaîtraient bientôt. Alors évidemment, à la Caisse des dépôts, on n'a pas voulu être en reste et passer à côté d'une telle opportunité.

Chapitre 15

Au paradis des capitalistes

Assister à une bagarre de chiffonniers entre membres éminents de l'oligarchie est toujours un spectacle réjouissant. Ce matin de fin février 2013, Ségolène Royal arrive rue de Lille, au siège de la Caisse des dépôts, dans une magnifique C5 hybride. Deux hommes sont là pour accueillir la présidente de la région Poitou-Charentes : Jean-Pierre Jouyet, le directeur général de la Caisse, et Nicolas Dufourcq, qui vient d'être désigné directeur général de la Banque publique d'investissement.

Ségolène Royal, elle, a été nommée un peu plus tôt dans la semaine vice-présidente de la BPI, dont Jouyet est le président. Il s'agit de faire une première réunion de travail ainsi qu'une séance photo pour un hebdomadaire qui prépare un article sur les patrons de la nouvelle institution, dotée de 23 milliards d'euros de capital.

Dans le hall d'accueil, les trois énarques se congratulent. Au bout de quelques minutes, Ségolène Royal s'étonne que la séance photo ne se fasse pas de l'autre côté de la rue, dans le magnifique hôtel de Pomereu. C'est pourtant là, dit-elle, qu'elle envisage d'installer son bureau. Nicolas Dufourcq s'en amuse ouvertement. Fils de ministre et d'ambassadeur, cet inspecteur des finances n'est pas plus impressionné que cela par les palais de la République. Il explique qu'il a choisi d'installer « sa » banque dans un quartier d'affaires, dans le IXe arrondissement, à proximité de ses futurs clients. Il a déjà quelques idées arrêtées sur plusieurs immeubles. Il passe d'ailleurs ses samedis matin, depuis quelques semaines, à prendre en photo l'emplacement de son bureau dans les locaux que les agents immobiliers lui font visiter.

Il n'en faut pas plus à Ségolène Royal pour comprendre que la guerre avec Nicolas Dufourcq vient de commencer. La BPI, c'est « sa » banque à elle. Pas celle de Dufourcq. D'ailleurs, c'est ce que François Hollande lui a expliqué lorsqu'il lui a proposé le job. Elle prend Jean-Pierre Jouyet par le bras (ils étaient ensemble à l'ENA et sont amis depuis plus de trente ans) et lui dit : « Alors mon petit Jean-Pierre, on la fait cette photo tous les deux ? »

Embarras de Jouyet qui prend Dufourcq par l'autre bras et dit au photographe : « Allez-y, je les tiens ! Profitez-en ! Ce sont deux gros bosseurs et il ne faut pas qu'ils s'échappent. Je sens qu'ils ont tous les deux très envie d'aller travailler sur les dossiers concrets. »

La suite est tout aussi savoureuse. Quelques jours plus tard, Ségolène Royal critique dans la presse le coût du logo de Bpifrance (76 000 euros) sur lequel elle n'a pas été consultée, en expliquant que ce n'est pas dans le budget communication qu'il faut investir l'argent mais dans les entreprises. « Il faut redescendre sur terre, ce sont des PME qu'on aurait pu aider », dit-elle à un journaliste. Et hop, un petit scud en direction du directeur général de « sa » banque.

Deux mois passent. En avril, lors du deuxième conseil d'administration de la BPI, Ségolène Royal quitte la séance pour faire une conférence de presse impromptue. Devant l'air ébahi des participants, elle explique : « Ça se fait souvent ces petits points de presse en cours de réunion. Les chefs d'État sortent des séances à Bruxelles pour débriefer de ce qui se passe dans les conseils européens ; là c'est pareil. Les journalistes m'ont fait savoir qu'une conférence de presse à 18 h 30, c'est trop tard pour leur bouclage. Il me paraît normal d'aller leur parler. »

Tête de Nicolas Dufourcq qui, lui, avait organisé un point de presse officiel à l'issue de la session et qui découvre, le lendemain dans les journaux, ce qu'a déclaré « sa » vice-présidente pendant qu'il continuait à animer le conseil d'administration : « Ils se disent tous : "Elle ne va pas venir, elle ne va pas regarder les documents." Ils se trompent ! Il n'est pas question de laisser ces inspecteurs des finances – au demeurant talentueux – décider des choses entre eux, laisser les conseils d'administration se passer comme dans les banques où l'on ose à peine formuler des remarques. Il faut leur poser des questions, y compris celles qui gênent[1] ! »

Dufourcq ne se laisse pas faire. Il répond donc à Ségolène Royal par voie d'interview : « Les dirigeants politiques n'auront un droit de regard que pour les investissements supérieurs à 200 millions d'euros. Ces derniers ne sont pas nombreux. »

Derrière cette surréaliste querelle d'ego, c'est une autre bataille – bien plus sérieuse – qui se joue. Celle qui consiste à définir le rôle de la future banque. Au fil de son histoire, la Caisse des dépôts n'a jamais vraiment arrêté sa stratégie vis-à-vis des entreprises. Doit-elle secourir des patrons en

1. *Le Figaro*, 14 mai 2013.

difficulté, ou au contraire investir dans des entreprises prospères pour faire fructifier son portefeuille ? À la BPI, c'est exactement la même problématique. Très vite, le conflit entre Dufourcq et Royal se déplace donc sur ce terrain. Certes, la banque est là pour aider les entreprises, explique Dufourcq dans ses interviews, mais « elle investit l'épargne des Français ». Sous-entendu, il n'est pas question de faire de mauvaises affaires ou de l'utiliser pour être agréable à tel ou tel ami du régime. Un jour, alors qu'un journaliste lui demande si la BPI va investir pour sauver Petroplus ou le site sidérurgique de Florange, il estime que ce serait un « mauvais business » (*sic*). « L'agenda de la BPI, c'est la France de 2030. Petroplus, est-ce vraiment la France de 2030 ? » explique-t-il.

Aussitôt, Ségolène Royal se précipite à la raffinerie Petroplus, près de Rouen, où elle explique devant des syndicalistes que « les déclarations du directeur général de la BPI sont un grave dérapage, qui n'ont aucune raison d'être et qui ne se reproduiront pas. La BPI n'est pas là pour faire du business ni des profits ».

En quelques semaines d'activité, la filiale de la Caisse des dépôts se débat donc publiquement dans les mêmes contradictions que sa maison mère… Des ambiguïtés que les entrepreneurs ont appris à exploiter. Les grands patrons savent qu'avec la CDC, les lois du marché ne s'appliquent plus vraiment. Pour profiter de ce doux refuge, rien de plus simple : il suffit de tirer la sonnette d'alarme et de sensibiliser les responsables politiques. Eux, au moins, comme Ségolène Royal, ont tranché le débat depuis longtemps : au nom de l'emploi, la Caisse doit être le pompier des entreprises, un point c'est tout. Parfois pour le meilleur. Et souvent pour le pire.

L'amour du drapeau

Le meilleur, c'est lorsque les politiques montent au créneau pour défendre les intérêts économiques de la France. Et dans ces séquences, personne n'est avare de commentaires cocardiers. À l'époque où Jacques Chirac occupait l'Élysée, Nicolas Sarkozy et François Hollande, alors respectivement ministre de l'Intérieur et premier secrétaire du PS, avaient ainsi exigé, ensemble, que la CDC joue le rôle de chevalier blanc pour empêcher Pepsi-Cola de prendre le contrôle de Danone. À relire leurs déclarations, on a même l'impression que les deux futurs présidents ont copié l'un sur l'autre : « Les pouvoirs publics doivent tout mettre en œuvre avec la Caisse des dépôts » (Sarkozy). « Il faut une mobilisation des acteurs publics et privés : les banques et la Caisse des dépôts » (Hollande). Et qu'importe si, dans cette affaire, les politiques étaient, en réalité, les victimes d'une supercherie : l'OPA n'a non seulement jamais eu lieu mais elle n'a jamais été envisagée par Pepsi-Cola[1].

En temps normal, c'est bien connu, les grands patrons français adorent dénoncer un État trop présent et des impôts confiscatoires. C'est même avec ces arguments

1. Le lendemain des déclarations de Hollande et de Sarkozy, l'AMF (Autorité des marchés financiers) a ouvert une enquête pour savoir d'où était partie cette rumeur sans fondement, mais dont certains ont bien profité : l'action Danone a fait un bond de 28 % en quelques jours. Après sept mois d'enquête sur les mouvements de Danone, l'AMF a classé le dossier sans suite, estimant qu'« aucun grief n'avait pu être établi au titre d'un manquement au règlement général de l'AMF ».

qu'ils justifient les délocalisations lointaines. Mais quand ils traversent une passe difficile, les P-DG du CAC 40 savent parfaitement jouer sur la corde sensible, l'amour du drapeau, pour faire intervenir la Caisse.

En 2011, Gérard Mestrallet est le P-DG de GDF Suez (récemment rebaptisé Engie). En pleine crise de l'euro, les banques ne lui prêtent plus un sou. Elles trouvent son groupe beaucoup trop endetté. Que font les équipes de Mestrallet ? Elles font courir le bruit auprès de plusieurs ministres du gouvernement Fillon que GDF Suez est en passe de devenir une proie pour un investisseur étranger à cause de son endettement. Et que se passe-t-il ? La CDC achète à GDF 25 % de sa filiale qui gère des infrastructures (gazoducs, canalisations, stations de pompage) pour la modique somme de 1 milliard d'euros[1]. Ouf…

Jean-François Roverato, le patron d'Eiffage, troisième groupe français de BTP derrière Bouygues et Vinci, est un expert en matière de citadelle-assiégée-qui-a-besoin-de-la-Caisse. En 2006, Sacyr, le numéro un du BTP espagnol, rachète à tour de bras des actions de son groupe. Il prépare ouvertement une OPA. Le P-DG d'Eiffage n'a pas trop de mal à expliquer dans tout Paris pourquoi la Caisse des dépôts doit venir à son secours pour faire barrage à l'offensive des Espagnols.

Eiffage travaille en effet depuis toujours avec la plupart des collectivités locales de gauche comme de droite. Quelques mois avant la tentative d'OPA espagnole, Dominique de Villepin, à Matignon, lui a aussi cédé

1. La CDC préparait depuis plusieurs mois cette acquisition. Mais les menaces d'une OPA sur GDF Suez ont accéléré le processus.

les autoroutes APRR à un prix tout à fait attrayant. Mieux encore : Jacques Chirac a une tendresse particulière pour Roverato. Plusieurs de ses anciens collaborateurs (dont Michel Roussin, le « gendarme de l'Élysée ») ont su trouver refuge au sein de ce groupe. Dix-huit mois avant l'offensive espagnole, Chirac inaugurait d'ailleurs le viaduc de Millau (construit par Eiffage) avec ces mots touchants : ce viaduc « prend place parmi les plus brillants ouvrages de notre génie civil. Il incarne avec éclat l'élan de notre recherche et de notre technologie. Il traduit le dynamisme et la puissance de notre industrie. Il symbolise l'audace maîtrisée et la performance, mise au service du plus grand nombre. Les Françaises et les Français sont fiers, à juste titre, des prouesses accomplies ici, et qui parlent pour la France. Une France moderne. Une France entreprenante et qui réussit. Une France aux avant-postes du progrès mondial ». Garde-à-vous ! Résultat : dès les premiers assauts espagnols, non seulement la rue de Lille rachète 49 % du viaduc de Millau (c'est Eiffage qui en est propriétaire), mais elle commence à monter au capital de l'entreprise de BTP (elle détiendra jusqu'à 10 % des actions).

L'histoire n'est d'ailleurs pas finie. Quand les Espagnols comprennent qu'ils ont perdu la bataille, c'est à nouveau la CDC qui les aide à vendre les 30 % du capital d'Eiffage qu'ils ont raflés. Cette fois, c'est Nicolas Sarkozy (il venait d'arriver à l'Élysée) et son conseiller pour les affaires économiques François Pérol qui s'occupent de tout. Augustin de Romanet, l'ex-collaborateur de Chirac, nommé à la CDC quelques semaines plus tôt, rachète au groupe Sacyr 10 % de ses actions Eiffage pour lui permettre une sortie honorable. La Caisse actionnaire de 20 % d'un groupe privé de BTP ? Personne n'y a trouvé à redire. Après tout, quand on sert le drapeau français, on ne compte pas !

Et les plus libéraux des politiques sont sur la même longueur d'onde. À commencer par Alain Madelin, le chantre du libéralisme à la française dans les années 1990. Depuis qu'il a quitté la politique, l'ancien ministre de l'Économie et des Finances a mis ses talents au service de l'entreprise : il participe à plusieurs fonds d'investissement qu'il conseille dans leur stratégie. Il est notamment le président du conseil de surveillance d'AD Industrie. A. D. ? Ce sont les initiales d'Alain Duménil, un homme d'affaires pittoresque, récemment mis en examen pour « banqueroute » (et à ce titre considéré comme innocent). En 2013, quand AD Industrie a eu besoin de faire entrer des investisseurs dans son capital, vers qui Alain Madelin s'est-il tourné ? Vers la Caisse, bien sûr. Celle-ci a accepté de prendre un ticket dans cette société. Et Alain Madelin, d'ordinaire toujours prêt à dénoncer l'interventionnisme de la puissance publique dans l'économie, a trouvé cela à son goût.

Au secours !

Quand les P-DG de grandes entreprises font de grosses bêtises, ils savent aussi évidemment vers qui se retourner. Ils connaissent le chemin de l'infirmerie : la Caisse est toujours là pour réparer leurs erreurs. Au printemps 2009, l'action du Club Med a diminué de 80 % par rapport à son cours de 2006. Henri Giscard d'Estaing, le P-DG du Club, est sur la défensive : pour quelque dizaines de millions, n'importe qui peut s'offrir ce fleuron de l'industrie touristique. Cela n'a pas échappé à Bernard Tapie, qui a investi 2,5 millions d'euros dans le groupe et envisage de monter au capital. Henri Giscard d'Estaing se tourne donc vers la Caisse, actionnaire de longue date, pour qu'elle souscrive à l'augmentation de capital d'un peu plus de 100 millions d'euros à hauteur de 20 millions d'euros. Le gouvernement soutient l'opération par la voix de son porte-parole Luc Chatel, qui déclare le 12 mai 2009 que ce renfort de la CDC est « stratégique pour que la France [soit] la première destination mondiale et que c'est une rentrée de devises importante pour notre pays ». Bernard Tapie doit jeter l'éponge. Henri Giscard d'Estaing sauve miraculeusement son fauteuil.

Jean Azéma n'a pas eu à se plaindre non plus. En 2011, le directeur général de Groupama doit jeter l'éponge. Son groupe a perdu des centaines de millions d'euros en rachetant la dette italienne et grecque. Cette année-là, il accuse un passif de 3 milliards d'euros. Conseillé par Alain Minc pendant des années, et proche de Vincent Bolloré (qui l'a fait entrer au conseil d'administration de Mediobanca), Azéma n'est toutefois pas mis à la porte comme un malpropre. Malgré ses mauvais investissements, il quitte Groupama avec un chèque de 3 millions d'euros. Pas si mal pour avoir conduit un assureur mutualiste au bord de la faillite. Et qui est appelé à la rescousse ? La Caisse, bien sûr. Pendant qu'Icade rachète les actifs immobiliers, elle fait un chèque de 300 millions d'euros pour recapitaliser Gan Eurocourtage, une filiale de Groupama.

Quelques années auparavant, la Caisse des dépôts avait fait encore plus fort. Elle avait sauvé deux entreprises dont les dirigeants, tous deux inspecteurs des finances, s'étaient laissé griser par les nouvelles technologies et avaient multiplié les acquisitions à des prix totalement coupés des réalités : Michel Bon à France Télécom et Jean-Marie Messier chez Vivendi. Quelques jours après le départ de Messier, chassé par ses administrateurs en 2002, le désastre est évident. Vivendi est en train de se noyer. Il faut d'urgence trouver de quoi assurer les fins de mois. La Caisse rachète donc 3 % de sa filiale environnement (le futur Veolia) pour plusieurs centaines de millions d'euros. Toujours en 2002, c'est France Télécom qui croule sous les dettes. Et vers qui se tourne-t-on ? La CDC, encore elle. Elle prend en direct 20 % de Télédiffusion de France (TDF), une filiale de France Télécom, pour un peu plus de 300 millions d'euros. Quant à Ixis, la banque d'investissement de la CDC, elle signe elle aussi un chèque pour acquérir un peu plus de 20 % du capital de TDF. Et hop ! 600 millions d'euros pour réparer les bêtises d'un inspecteur des finances qui se prenait pour le nouveau Bill Gates[1] !

Le problème de la Caisse, c'est de se faire respecter comme actionnaire. Les patrons des entreprises dont elle est actionnaire semblent la considérer comme quantité négligeable, comme s'ils avaient affaire à une « vieille, riche et conne ». Ainsi, Charles Milhaud, qui a longtemps dirigé les Caisses d'épargne, a toujours fait comme si la CDC n'existait pas. Or, du temps où il était à la tête de l'Écureuil, celle-ci possédait tout de même 35 % de sa banque.

1. L'opération de la CDC dans TDF, en juillet 2002, ne sauvera pas Michel Bon qui doit démissionner en octobre de la même année après avoir annoncé 12 milliards de pertes semestrielles et un endettement de 65 milliards d'euros.

En 2002, cet ami de Jacques Chirac a ainsi profité du passage de relais entre Daniel Lebègue et Francis Mayer à la direction générale de la Caisse pour prendre le contrôle opérationnel d'Ixis, la banque d'investissement qu'il détenait à parité avec elle. Il n'a pas pris de gants, il s'est contenté de trahir le pacte d'actionnaires qui les unissait et les a mis devant le fait accompli.

Le cadeau à « petit Nono »

« Petit Nono », c'est comme ça que la maman de Jade appelle son gendre Arnaud, l'héritier de Jean-Luc Lagardère. Quand, en 2005, il cherche à se désengager de la firme aéronautique EADS pour se recentrer sur les médias, « Petit Nono » se tourne vers la Caisse des dépôts. Au cours d'un déjeuner, à l'automne 2005, il propose donc à Francis Mayer de racheter la part qu'il détient dans EADS. Le directeur général accepte de regarder le dossier en détail. Que se passe-t-il ensuite ? Au printemps 2006, la CDC signe un chèque de 600 millions pour racheter les actions EADS de Lagardère. Mais c'est une catastrophe : en quelques semaines, lorsque sont dévoilés les problèmes techniques du montage sur l'A380, l'investissement perd un tiers de sa valeur, soit une moins-value latente de 200 millions d'euros. L'« affaire EADS » a débuté.

Quelques mois plus tard, les députés veulent savoir si Arnaud Lagardère et les dirigeants d'Airbus ont vendu leurs actions à la CDC en sachant que le cours de la Bourse allait chuter rapidement, du fait d'innombrables soucis techniques sur l'A380, et procéder à une série d'auditions.

Un juge d'instruction est désigné, l'AMF déclenche une enquête pour savoir si oui ou non, il y a eu dans cette opération un délit d'initié. Et puis… Rien[1].

Pendant que tout le monde se focalise sur l'éventuel délit d'initié et cherche à comprendre si Arnaud Lagardère et ses cadres ont trompé la Caisse, personne ne s'intéresse au détail de la transaction. Personne ou presque. Jean Arthuis, sénateur et expert-comptable de formation, lui, se passionne pour un tout petit point des accords entre la CDC et Lagardère. Et ce qu'il découvre le scandalise. Grâce à un montage très complexe, qui fait intervenir des banques d'affaires, la Caisse n'a pas été immédiatement propriétaire des actions qu'elle a achetées. Celles-ci sont passées par le sas d'un système de portage pendant quelques semaines, système qui a permis à Arnaud Lagardère de réaliser une économie d'impôt de plusieurs millions d'euros, sans que la CDC en retire, elle, le moindre profit. Un mécanisme tout à fait légal au demeurant, mais qui pose un sérieux problème moral : la mission de la rue de Lille consiste-t-elle à se plier en quatre pour permettre à un héritier à faire de l'optimisation fiscale ? L'institution de la rue de Lille n'a décidément rien appris de ses déboires passés. C'est pourtant parce qu'elle avait joué avec le feu qu'elle a failli disparaître, au début des années 1990.

1. Sur cette affaire de délit d'initié, la justice ne rendra jamais son verdict. Le Conseil constitutionnel, saisi dans le cadre d'une QPC – question prioritaire de constitutionnalité –, a en effet estimé que l'AMF ayant déjà jugé l'affaire (et blanchi les protagonistes de tout soupçon), la justice ne pouvait se prononcer une seconde fois sur des faits identiques.

Chapitre 16

La vengeance de Balladur

Entre 1986 et 1988, Édouard Balladur est ministre d'État, chargé de l'Économie, des Finances et de la Privatisation. Dans son programme de dénationalisations, la Société générale occupe une place particulière. C'est la première fois qu'une banque nationalisée non pas depuis 1982, mais depuis 1945, doit quitter le giron de l'État. Et l'un des cadres dirigeants de cette institution, Jean-Paul Delacour, n'est autre que son beau-frère. L'événement a lieu à l'été 1987. En juin, 20 millions d'actions, qui représentent 100 % du capital de la Société générale, sont mises sur le marché boursier dans le cadre d'une offre publique de vente, pour un montant de 17,2 milliards de francs (2,61 milliards d'euros). On utilise la technique dite des « noyaux durs », mise au point par Jean-Marie Messier, inspecteur des finances et petit génie autoproclamé au cabinet du ministre : le gouvernement choisit, pour chaque entreprise, un groupe d'actionnaires de référence afin de décourager les prises de participation hostiles, plus faciles à réaliser en cas d'actionnariat dispersé. Dans le cas de la Société générale, le noyau dur est plutôt mou, puisque dix-neuf actionnaires différents se partagent 21 % du capital, soit un peu plus de 1 % seulement en moyenne.

D'ailleurs, le groupe privatisé attire très vite les convoitises. « Au printemps 1988, je reçois la visite d'Alfred Herrhausen, le patron de la Deutsche Bank qui sera assassiné par la Fraction armée rouge un an plus tard, se souvient Robert Lion, qui est alors directeur général de la Caisse des dépôts depuis six ans. Il m'annonce qu'il va s'intéresser à la Société générale, qu'il considère comme vulnérable en termes d'actionnariat. Il a étudié le dossier, estime que l'opération est très rentable et me demande si je vais l'aider. Je ne lui réponds pas. Il rend aussi visite au président de la Société générale, Marc Viénot, qui le regarde de haut et l'éconduit. »

Fin du premier épisode. Mais en 1988, François Mitterrand est réélu président de la République. Il définit la doctrine économique de son second septennat par une expression qui fait florès : le « ni-ni ». Ni nationalisation ni privatisation. Mais une partie de la gauche qui revient aux affaires caresse le désir plus ou moins avoué de défaire ce que la droite en général et Édouard Balladur en particulier ont réalisé.

Les mécanos de la Générale

Les plus revanchards sont les patrons d'entreprises nationalisées limogés à la suite des privatisations. C'est le cas de Georges Pébereau, nommé en 1984 président de la CGE (Compagnie générale d'électricité, qui deviendra sous son mandat Alcatel). Ce polytechnicien est passé par les cabinets de plusieurs ministres de l'Équipement de droite, tels Robert Galley ou Albin Chalandon. Il a ensuite été recruté à la CGE par Ambroise Roux, le parrain du capitalisme français, dont il est devenu l'adjoint. Mais, dès le 11 mai 1981, ce grand collectionneur d'art a su se faire apprécier du nouveau pouvoir socialiste. En 1982, il a ainsi accepté de faire racheter par Alsthom, filiale de la CGE, pour un prix que plusieurs experts ont estimé notoirement surévalué, la société Vibrachoc. Son créateur et propriétaire jusqu'en 1982 se nomme Roger-Patrice Pelat. C'est un ami intime de François Mitterrand.

Georges Pébereau a donc accepté d'agir selon les souhaits de l'Élysée, où le secrétaire général, Pierre Bérégovoy, et le conseiller aux Affaires industrielles, Alain Boublil, étaient à la manœuvre. Mais en 1986, la droite remporte les élections législatives. La première cohabitation commence.

Georges Pébereau, jusque-là si aimable avec la gauche, se souvient de ses états de service dans les cabinets de ministres 100 % gaullistes. Il tente de rappeler ses attaches à droite au nouveau gouvernement, dans l'espoir de survivre à la privatisation. Las ! Il est congédié alors qu'il est sur le point de réaliser un gros coup : le rachat des activités européennes d'ITT, le conglomérat américain spécialisé dans la téléphonie.

Depuis, il enrage contre ce ministre de l'Économie et des Finances, un certain Édouard Balladur. Mais il ne se laisse pas abattre. Il est vrai qu'il n'est pas dans le besoin. Il a créé une société financière, Marceau Investissements, grâce à des actionnaires prestigieux : Axa, le Crédit lyonnais, Elf, Suez, la MAAF. il a même réussi l'exploit de faire asseoir à la même table l'américain ITT et la si française Caisse des dépôts. On imagine le choc des cultures…

Le temps passe vite. En 1988, le Premier ministre Jacques Chirac est battu à la présidentielle par François Mitterrand. Pébereau ne veut plus seulement faire de bonnes affaires, il veut prendre sa revanche. Il a un plan secret, qu'il vient présenter à Pierre Bérégovoy, le nouveau ministre de l'Économie et des Finances du gouvernement de Michel Rocard : un raid boursier sur la Société générale. Le scénario qui se joue est donc tout à fait improbable : un homme de droite propose au pouvoir socialiste de mettre la main sur une banque privatisée peu de temps auparavant. Le problème, c'est que Georges Pébereau n'a pas la surface financière suffisante. La Société générale est un bien trop gros morceau pour lui et ses associés. Sa force de frappe est un peu courte. Alors, pour l'aider à réaliser son grand dessein, il a pensé à l'un de ses actionnaires : la Caisse des dépôts.

« Quand Georges Pébereau m'en parle, je suis ennuyé : c'est contraire aux principes de la Caisse que de devenir actionnaire d'une banque, raconte Robert Lion. Mais j'ai en tête la visite de Herrhausen. Et la vulnérabilité de la Société générale. Je donne mon accord à condition de faire seulement du portage, et non de devenir un actionnaire définitif. La Caisse apportera 1 milliard de francs, pas plus. Puis je rends une nouvelle visite à Marc Viénot, le patron de la Société générale, accompagné par François Dalle, l'ex-P-DG de L'Oréal, et de Jean-Louis Descours, celui des chaussures André, qui font partie du tour de table. Marc Viénot nous reçoit avec son bras droit Jean-Paul Delacour, le beau-frère de Balladur. J'explique que les Allemands sont intéressés par leur banque, et que la Caisse peut monter à 3 % du capital. Viénot nous envoie balader. »

Les associés ne se découragent pas. Ils commencent à racheter, discrètement, des actions de la Générale. Le 24 octobre 1988, Georges Pébereau dévoile que Marceau

Investissements et ses associés détiennent près de 10 % du capital de la banque. C'est énorme, mais pas suffisant. Sa tentative est un échec. Mais Marc Viénot et son adjoint Jean-Paul Delacour ont eu peur, très peur.

L'épisode reste gravé dans les mémoires pour deux raisons. D'une part, il fait apparaître le jeu trouble de la gauche au pouvoir pour asseoir son influence sur le premier groupe bancaire privé français. D'autre part, il dévoile certains comportements au sein de la place financière de Paris : plusieurs hommes d'affaires, parties prenantes du montage, ont réalisé d'importants bénéfices. C'est ce que découvre la COB (Commission des opérations de Bourse) en 1989. Un an plus tard, le parquet de Paris ouvre une information judiciaire pour délits d'initiés. Et onze personnes sont mises en examen ; elles bénéficieront de la loi d'amnistie votée en 1995. Dans cette interminable « affaire de la Société générale », seul le financier américain George Soros sera finalement condamné pour délit d'initié.

Ce raid avorté sur une banque privatisée, orchestré en sous-main par la gauche, laisse des traces. Robert Lion est accusé d'avoir engagé le coffre-fort des Français dans une expédition aventureuse inspirée par la revanche politique. Il se défend aujourd'hui de ces accusations : « Finalement, j'ai fait gagner 10 % de plus-value à la Caisse sur cet investissement. Et la Société générale, à la sortie, avait un noyau renforcé détenant 30 % du capital composé de dix actionnaires stables, dont Axa. » Mais Édouard Balladur lui garde une rancune tenace. Cet inspecteur des finances de gauche a osé toucher au noyau dur qu'il avait jalousement façonné. Pis, il a troublé la quiétude de son beau-frère, Jean-Paul Delacour. Son ressentiment ne vise pas seulement Robert Lion, mais également l'institution qu'il dirige.

Colère froide à Matignon

Lorsqu'il arrive à Matignon en 1993, Édouard Balladur, ami de trente ans de Jacques Chirac, fait plancher son cabinet sur une suppression pure et simple de la Caisse des dépôts. Cette institution a été créée cent quatre-vingts ans plus tôt pour mettre l'épargne privée à l'abri des prédations de l'État, pour que l'argent des rentiers ne serve plus jamais à financer des Bérézina. Elle s'acquitte de cette mission depuis près de deux siècles, mais le Premier ministre n'est pas content.

Il faut toute la puissance de feu des inspecteurs des finances, très nombreux à la Caisse, et le bon sens de quelques décideurs politiques pour arrêter au dernier moment cet énorme gâchis. Mais le Premier ministre ne s'avoue pas vaincu. L'institution félonne doit rentrer dans le rang.

Depuis l'origine, le directeur général de la Caisse des dépôts est le seul de toute la fonction publique à disposer d'un mandat sans limite dans le temps et à ne pas être révocable en Conseil des ministres. C'est la condition pour qu'il conserve, face à l'exécutif, le « pouvoir de dire non ». L'intention est simple : un haut fonctionnaire dont le destin professionnel dépend du politique risque en effet de se montrer plus accommodant, donc moins regardant sur l'emploi du livret A.

Édouard Balladur, à défaut de réduire la Caisse à néant, supprime donc ce privilège, qui est aussi une garantie d'indépendance, et instaure pour le directeur général un mandat de cinq ans renouvelable une fois. Certes, le titulaire du poste demeure inamovible pendant la durée de ses fonctions. Mais il risque fort de ne pas être reconduit s'il se montre indocile. La capacité de résistance, désormais, dépendra du courage personnel du patron. C'est dommage. Et très dommageable pour l'intérêt général.

Mais pour le Premier ministre de la deuxième cohabitation, tout ce qui peut affaiblir la Caisse est bon à prendre. Il y a, rue de Lille, un homme amer. Un polytechnicien sûr de son génie qui aurait voulu succéder à Robert Lion. Un sympathisant de droite frustré de voir son camp revenir au pouvoir tandis qu'il fait du sur-place. Pierre Richard, puisque tel est son nom, n'a pourtant pas lieu de se plaindre. Il est à la tête du Crédit local de France. Mais il veut plus et réclame son autonomie. C'est Édouard Balladur qui donne le feu vert à la privatisation de cet organisme chargé d'accompagner le financement des collectivités locales, en 1993. Le Premier ministre voit-il là une occasion de déposséder la Caisse d'une de ses plus belles filiales ? Il ne peut pas savoir que sa décision conduira à la création du monstre Dexia, qui explosera en vol quinze ans plus tard.

En poussant Pierre Richard, le Premier ministre entend donc faire payer à la Caisse son outrecuidance. C'est une autre manière d'affaiblir le pouvoir de son directeur général.

À partir de 1993, donc, celui-ci n'est plus inamovible. C'en est fini de ces hauts fonctionnaires qui passaient quinze, vingt, voire vingt-cinq ans à la tête du coffre-fort. Désormais, la garantie de l'emploi à vie leur échappe. Ils sont toujours aussi nombreux à vouloir le poste, tout en haut de la tour de contrôle des flux financiers, mais savent qu'ils sont en contrat à durée déterminée.

Une charge d'Ancien Régime

Jusqu'à Balladur, le poste de directeur général ressemble un peu à une charge d'Ancien Régime : attribuée à vie, très prestigieuse et fatigante seulement si son titulaire décide de s'y consacrer à plein temps. La fonction n'a pas toujours provoqué l'hystérie du pouvoir exécutif. Pendant le septennat de Valéry Giscard d'Estaing, c'est un paisible inspecteur des finances, Maurice Pérouse, installé depuis 1967, qui dirige la maison. En 1979, atteint par la limite d'âge, il remet sa démission au président. Et il ne se passe… rien du tout. Maurice Pérouse reste donc dans son fauteuil. Il continue à ne rien se passer. Vraiment rien. Pas un grand commis de l'État ne vient gratter à la porte, jusqu'à la présidentielle, en mai 1981. Juste avant l'entrée en fonction de François Mitterrand se manifeste le secrétaire d'État auprès du ministre de la Santé et de la Sécurité sociale du gouvernement Raymond Barre, un certain Jean Farge. Peu enthousiaste à l'idée de retourner plier des trombones à l'inspection des finances après la défaite de son camp, il se rue dans le bureau du secrétaire général de l'Élysée, Jacques Wahl, pour se voir attribuer le poste vacant depuis trois ans, dans le court intérim qui sépare l'élection du nouveau président de son arrivée au pouvoir.

Le 12 mai 1981, le Premier ministre sortant Raymond Barre découvre donc cette nomination à l'ordre du jour du dernier Conseil des ministres du septennat, qui doit se tenir le lendemain. Il pique une grosse colère et rature le décret de nomination, avec cette remarque : « On ne pourvoit pas la direction générale de la Caisse des dépôts dans une position d'intérim. » Maurice Pérouse reste donc dans son fauteuil un peu plus longtemps.

Une fois installé à l'Élysée, Mitterrand soupèse avec son Premier ministre Pierre Mauroy les noms de plusieurs personnalités pressenties. L'affaire est d'importance puisque, à cette époque, le directeur général de la Caisse est encore inamovible. C'est ainsi que le baron Jules Pasquier, deuxième titulaire du poste, est resté en fonction trente ans, de 1818 à 1848. L'économiste Albert Delatour a quant à lui tenu un quart de siècle, entre 1900 et 1925. En deux cents ans d'existence, la Caisse n'a connu en tout et pour tout que vingt directeurs généraux, soit une durée de mandat moyenne de vingt ans !

Mitterrand et Mauroy, donc, mettent du temps à se décider. En février 1982, Maurice Pérouse n'a toujours pas été remplacé. Mauroy pousse l'inspecteur des finances Michel Albert, mais Mitterrand pense à Robert Lion, un autre inspecteur des finances qui est, justement, directeur de cabinet de Mauroy, lequel revient tout dépité à Matignon :

« Mitterrand ne veut pas de Michel Albert, dit-il à Robert Lion.

– Ils vont encore mettre un militant socialiste comme dans certaines banques nationalisées, peste son interlocuteur.

– Non, le président souhaite que ce soit vous… »

Robert Lion réfléchit un instant :

« D'accord, mais à condition que je passe au moins un an auprès de vous… »

L'affaire est faite. Robert Lion arrive à la Caisse des dépôts en 1982. Il y restera dix ans.

À son arrivée, il commence par renvoyer la moitié des directeurs, parce qu'ils se montrent trop arrogants ou parce qu'ils ne travaillent pas beaucoup. Il veut asseoir son pouvoir, passe certains caprices à Mitterrand et sait aussi dire non, comme il le fait avec Bernard Tapie qui veut se débarrasser d'Adidas auprès de la Caisse. Puis il s'en va, marqué au fer rouge par l'affaire de la Société générale, mais tout de même de son plein gré.

La gauche a tout juste le temps de nommer Philippe Lagayette, inspecteur des finances et ancien directeur de cabinet de Jacques Delors, que déjà Édouard Balladur entre en scène, armé de son couperet : désormais, ce sera cinq ans renouvelables. Un bail précaire.

Philippe Lagayette, d'une gauche très modérée, s'entend avec le nouveau pouvoir et sauve l'institution. Il est d'autant plus à l'aise qu'il ne veut pas poursuivre sa mission au-delà de cinq ans. Après l'aventure de la Caisse, il a déjà en tête de rejoindre une grande banque américaine. Quand il part, en décembre 1997, Daniel Lebègue, ancien directeur du Trésor, lui succède et peut exciper, cinq ans plus tard, d'un très bon bilan. En 2002, celui-ci souhaite donc tout naturellement poursuivre son action. Sans la réforme de Balladur, il n'aurait pas eu besoin de faire campagne. Il aurait simplement continué à faire son travail.

Glissements progressifs vers l'instabilité

Mais il doit faire face à une situation difficile. La droite est revenue au pouvoir. Et la Chiraquie en a soupé des directeurs généraux qui ont le cœur à gauche. De 1986 à 1988, pendant la première cohabitation, Robert Lion était confortablement assis dans son fauteuil de directeur général. En 1993, quand Édouard Balladur s'est installé à Matignon, Philippe Lagayette venait d'être nommé. En 1997, alors que la troisième cohabitation commence tout juste, Daniel Lebègue lui succède, désigné par le gouvernement Jospin. Après sa réélection en 2002, Jacques Chirac ne veut pas de lui. Et de toute façon, il a un candidat : un énarque du Trésor, qui n'est pas inspecteur des finances, mais qui a su se faire apprécier. Il s'appelle Francis Mayer. Comme vice-président de la Banque européenne d'investissement (BEI), il a réalisé des miracles. Il s'est occupé personnellement du sauvetage économique du Liban, pour le plus grand plaisir du Premier ministre de ce pays, Rafiq Hariri, et du meilleur ami de celui-ci, Jacques Chirac. Deux hommes tellement liés que celui-ci mettra gracieusement un appartement parisien à la disposition de celui-là, en 2007.

C'est donc sans trembler que la main du président réélu signe le décret de nomination de Francis Mayer. Le *spoil system*[1] a commencé.

Sauf que Jacques Chirac ne joue pas le jeu. Après le décès prématuré de Francis Mayer en décembre 2006, il décide de désigner le successeur de celui-ci juste avant de quitter l'Élysée. Problème : Augustin de Romanet ne plaît pas du tout au nouveau président, Nicolas

1. Ou « système des dépouilles » : principe selon lequel un nouveau gouvernement doit pouvoir compter sur la loyauté partisane des fonctionnaires, et donc remplacer ceux qui sont en place par des fidèles.

Sarkozy. Il consacre une partie de son énergie à tenter de le convaincre qu'il fait bien son travail, ce qui n'est pas toujours productif. Et une autre à préparer sa sortie, car il est certain de ne pas être reconduit : si Sarkozy est réélu, il pourra enfin s'en débarrasser ; si c'est Hollande, il nommera une personnalité de son camp. Âgé de 51 ans, cet énarque a encore une vie professionnelle devant lui, et il fait partie des rares hauts fonctionnaires de sa génération à vouloir rester dans la sphère publique. Il fait donc la tournée des parlementaires dans l'espoir – vain – de faire un second mandant de cinq ans. Mais, lucide, il songe à un plan B et jette son dévolu sur CNP Assurances, une filiale de la Caisse. Une erreur tactique, qu'il a reconnue depuis devant des proches : il aurait été sous la tutelle de son propre successeur !

Parce qu'il est désormais inamovible pendant cinq ans seulement, le directeur général de la Caisse doit donc penser à l'avenir pendant toute la durée de son mandat. Pas seulement à celui du groupe qu'il dirige, mais aussi au sien.

Jusqu'à la vengeance de Balladur, la Caisse a eu quatorze directeurs généraux en cent soixante-seize ans, soit une longévité moyenne de plus d'une décennie. Depuis, elle en a connu six en vingt-quatre ans. Une durée moyenne divisée par trois. L'orgueil, la passion des amis et l'obsession des ennemis ont eu raison de la stabilité de la Caisse. Et pendant ce temps, le Parlement, pourtant chargé de contrôler et de protéger l'institution, se contente de compter les points…

Chapitre 17

Le pouvoir de dire non

« Un bon directeur général de la Caisse des dépôts doit pouvoir dire non. Il doit être en mesure de démissionner à tout moment. S'il n'est pas ferme, il met la maison en péril. S'il place son indépendance sur un piédestal, cela ne fonctionne pas mieux : il ne joue pas son rôle d'accompagnateur, de catalyseur du développement économique. Mais entre les deux maux, le plus nuisible, c'est la soumission. » C'est un ancien directeur du Trésor qui s'exprime ainsi.

« Il ne se passe pas de semaine sans que le pouvoir exécutif, toujours porté à voir dans la Caisse un commode tiroir-caisse, cherche à prélever des fonds ou à en orienter les emplois. François Bloch-Lainé eut avec Valéry Giscard d'Estaing, ministre des Finances, d'homériques accrochages. J'eus à mon tour des tensions tant avec Jacques Delors et Édouard Balladur qu'avec Pierre Bérégovoy. Si j'ai maintenu des positions quand cela me semblait nécessaire, c'est parce que le statut me donnait "le pouvoir de dire non". Et si j'ai pris, sans être aux ordres, des initiatives, c'est parce que je les ai pensées utiles. » C'est l'ex-directeur général de la Caisse des dépôts, le dernier qui a bénéficié du statut d'inamovibilité à durée indéterminée, qui a écrit ces lignes en février 2007 dans *Les Échos*[1].

Robert Lion, en l'espèce, a la mémoire sélective. Il a dit non souvent, et pas toujours dans des situations faciles. Mais il a aussi dit oui à François Mitterrand pour les festivités du bicentenaire de la Révolution en 1989 dans les jardins des Tuileries, et encore oui au financement du circuit automobile de Magny-Cours, aux activités assez éloignées des missions d'intérêt général de la Caisse.

Faut-il lui en tenir rigueur ? Pas sûr. Dire non, quand on est directeur général de la Caisse, est en effet un jeu dangereux. Et d'abord pour l'institution : l'État peut à tout moment décider de changer les règles du jeu au détriment de la Caisse. Baisser le taux du livret A par exemple. Ou encore en finir avec le monopole de la CDC sur les dépôts réglementés. Dire non réclame donc une dose certaine de savoir-faire.

Pas de cadeau à Mickey

En 1985, Laurent Fabius est un Premier ministre qui entend marquer sa jeunesse et sa modernité. Quand la direction de Disney envisage d'installer un parc d'attractions en Europe, il ne peut qu'être enthousiaste. Et tout faire pour que la France soit choisie par le groupe californien, également intéressé par deux sites en Espagne.

Ses équipes découvrent à cette occasion que les Américains aiment surtout le libéralisme quand il s'applique

1. « Caisse des dépôts : on ne change pas une machine qui gagne », 7 février 2007.

aux autres. Le patron de Walt Disney Productions, le redoutable Michael Eisner, est donc tout disposé à s'installer dans la grande banlieue de Paris, à Marne-la-Vallée, mais à condition que le gouvernement français investisse plus que lui dans ce projet à haut potentiel touristique. Calculette en main, les conseillers de Matignon ont vite fait l'addition, entre les échangeurs d'autoroutes, la ligne RER, la gare TGV, sans compter les prêts bonifiés et le taux de TVA réduit : 4 milliards de francs. Il ne faut pas longtemps à Laurent Fabius pour décrocher son téléphone et appeler le directeur général de la Caisse, Robert Lion. Celui-ci refuse : la CDC ne peut prendre un tel risque à fonds perdus. Peut-être une pointe de ressentiment guide-t-elle le refus du directeur général : lui qui est un grand fidèle de Pierre Mauroy n'apprécie sûrement pas la manière dont le jeune dandy (Fabius a alors 38 ans) s'est installé dans le fauteuil du vieux militant socialiste du Nord. Toujours est-il que c'est non, que le Premier ministre doit se débrouiller autrement et que la suite des événements ne donne pas tort à Robert Lion. Les débuts d'Euro Disney sont difficiles. La politique tarifaire n'est pas convaincante et la société d'exploitation française croule sous les dettes.

Quand, quelques années plus tard, il faut sauver le soldat Mickey version tricolore, c'est Lionel Jospin qui est chef du gouvernement et Dominique Strauss-Kahn ministre de l'Économie et des Finances. Daniel Lebègue est directeur général de la Caisse. DSK veut tout simplement que la CDC pioche dans ses fonds d'épargne, autrement dit dans l'argent du livret A, pour alimenter Disneyland Paris en argent frais. Daniel Lebègue n'y est pas opposé, mais à condition que l'État offre sa garantie sur l'ensemble des sommes prêtées. La commission de surveillance est alors présidée par le député socialiste de l'Aisne Jean-Pierre Balligand. Aujourd'hui reconverti à La Banque postale, une filiale de la Caisse, celui-ci se souvient de la bataille homérique qui a opposé la CDC au cabinet de DSK : « Je soutenais Lebègue, c'était une question de principe. Et puis, je me disais qu'un jour, on chercherait qui était le connard de président de la commission de surveillance qui n'avait même pas été capable de protéger l'épargne des Français. » Mais ce n'est pas simple, car Dominique Strauss-Kahn se montre très déterminé à faire payer la Caisse sans engager l'État. « Il est même venu dans ma circonscription pour inaugurer un truc sans intérêt, poursuit Jean-Pierre Balligand. Il m'a câliné, m'a expliqué que je pourrais bénéficier d'une promotion, pourquoi pas hériter d'un secrétariat d'État... » Et puis arrive le mercredi fatidique. La commission de surveillance qui doit valider le financement se réunit à 16 h 30. « À 14 h 58, juste avant les questions au gouvernement, je vais voir Strauss-Kahn : "Si ton motard n'est pas là avant le début de la réunion, avec la garantie de l'État, on ne signe pas." Et ça a marché », se réjouit l'ancien député de l'Aisne.

Avions privés, SDF et canards boiteux

Quelque temps plus tard, en 2001, Daniel Lebègue est en vacances avec son épouse en Égypte, à Abou Simbel, quand son téléphone sonne. Laurent Fabius, qui a succédé à Dominique Strauss-Kahn à Bercy, sort d'un conseil interministériel présidé par Lionel Jospin en personne.

Au programme : le sauvetage d'Air Liberté. L'État ne peut pas recapitaliser lui-même cette compagnie aérienne privée en perdition, sous peine de s'attirer les foudres de Bruxelles. « C'est toi qui dois y aller, dit Laurent Fabius au directeur général. La Caisse doit prendre 19 % du capital. » Depuis l'aéroport, Daniel Lebègue dit *niet.* Fabius insiste. Il tient bon : « Si vous vous entêtez, je démissionnerai. »

Quand son avion atterrit à Paris, une autre solution a été trouvée. Preuve que la fermeté n'est pas une position si difficile à tenir face à l'exécutif. Pour cet ancien directeur général, devenu président de Transparency International France, il ne faut pas dire oui une seule fois à ces sollicitations qui transforment la Caisse en institution caritative. Sinon, le téléphone sonne plusieurs fois par jour. Le pouvoir de l'époque lui a même demandé de bien vouloir financer *La Rue*, le journal des SDF !

Parmi les multiples doléances – le terme est aimable, tant la pression est parfois intense – que reçoit la CDC de la part de l'exécutif, le directeur général a le devoir de faire le tri. Pour l'y aider, et pour desserrer un peu l'étau, les services financiers instruisent les dossiers qui lui sont proposés. Et le non est toujours étayé par des arguments techniques.

C'est le cas, à l'automne 2008, quand le carrossier Heuliez, en grande difficulté, a besoin de 10 millions d'euros pour tenter d'attirer un investisseur privé qui se dit prêt à mettre la même somme sur la table à condition d'être accompagné. La Caisse subit une double pression pour apporter ces 10 millions d'euros. Celle qu'exerce l'Élysée de Sarkozy est à peine moins forte que celle de Ségolène Royal, présidente de la région Poitou-Charentes où est implantée l'entreprise. La direction générale fait instruire le cas Heuliez par ses services financiers qui démontrent que cette solution n'est pas viable. Fin du premier épisode.

Mais Ségolène Royal ne veut pas se résigner. La région Poitou-Charentes verse plusieurs millions d'euros d'argent public à cette PME créée en 1920 par Henri Heuliez pour fabriquer des carrosseries destinées à l'industrie automobile naissante, et pénalisée par la concurrence des pays à faible coût de main-d'œuvre, notamment en Europe de l'Est. En juillet 2009, le tribunal de commerce de Niort valide un plan de reprise présenté par Bernard Krief Consultants, l'unique candidat pour la reprise de l'activité consacrée aux voitures électriques. Cette fois, ce n'est pas directement la Caisse qui est sollicitée, mais le FSI (Fonds stratégique d'investissement) dont elle détient 51 % du capital. Son directeur général, Gilles Michel, résiste à son tour. Avant de débourser le moindre centime, il veut voir la couleur des 16 millions d'euros promis par le repreneur : « Quand cet argent aura été débloqué, nous débloquerons le nôtre en complément pour participer au capital de cette entreprise », assure-t-il dans *Les Échos* en octobre 2010[1]. En effet, le repreneur n'a pour l'instant mis sur la table qu'un titre de créance d'une valeur équivalente aux 16 millions promis. « Ce qui nous intéresse ce n'est pas qu'on apporte du papier, poursuit Gilles Michel. Une créance, c'est du papier. Avec du papier on ne paye pas les fournisseurs, on ne paye pas les salariés. Il s'agit simplement de tenir ses engagements. »

Le FSI n'aura pas besoin de débourser le moindre euro,

1. Le 21 octobre 2010.

car l'investisseur a finalement renoncé. Pas Ségolène Royal, qui fait reprendre l'activité consacrée aux voitures électriques sous le nom de Mia et assure que sa région va devenir un laboratoire pour cette nouvelle filière verte. Las ! Quelques années plus tard, après avoir perdu plusieurs millions d'argent public – mais pas celui de la Caisse –, le « laboratoire » fait faillite au printemps 2014.

Les trois non d'Augustin de Romanet

Augustin de Romanet n'a pas eu la tâche facile. Nommé par Jacques Chirac à la tête de la Caisse quelque temps avant l'élection de Nicolas Sarkozy, il a dû subir les foudres de l'Élysée durant toute la durée de son mandat. Il a beaucoup dit oui. Par exemple pour financer la Cité du cinéma de Luc Besson. Mais il a aussi su dire non aux amis du président. Ainsi, à la fin du quinquennat, il a résisté à deux hommes qui n'ont pas l'habitude qu'on leur dise non. Yazid Sabeg et Serge Dassault ont tout fait pour que la Caisse prenne à sa charge le sauvetage d'Altis, dans l'Essonne, là où l'avionneur est élu.

En octobre 2011, il a opposé une fin de non-recevoir au gouvernement Fillon, qui voulait en faire le propriétaire de la branche française de Dexia en état de faillite. Trois ans plus tôt, alors que la crise financière venait d'éclater, il avait fait un chèque de 2 milliards d'euros pour sauver la banque franco-belge en la recapitalisant. Mais cela n'a pas suffi. Christine Lagarde, la ministre de l'Économie et des Finances, exige une nouvelle fois que la Caisse prenne à sa charge l'ensemble du problème Dexia. Romanet fait de la résistance. Il refuse de voir la Caisse se transformer en *open bar* pour deux raisons : il veut que l'État s'investisse afin de ne pas pouvoir, à l'avenir, se laver les mains de ce qui peut advenir ; il ne voit aucune raison que l'institution qu'il dirige soit la seule à payer les pots cassés. Il prévient donc Emmanuel Moulin, le conseiller économique de Nicolas Sarkozy à l'Élysée, qu'il ne cédera pas avec cette boutade : « Je vais peut-être aller vendre des frites à l'angle de la rue du Bac et de la rue de Verneuil… » Autrement dit tout près du siège de la Caisse. Cette nuit-là, le non d'Augustin de Romanet a évité le pire. « Le gouvernement souhaitait que la CDC intègre Dexia dans son bilan, assure un ancien membre du cabinet de Christine Lagarde à Bercy. Or, pour la Caisse, c'était la faillite assurée : Dexia, c'était 82 milliards de créances douteuses ; le bilan de la Caisse, c'est 100 milliards d'actifs. » Nul besoin d'être un financier de haut vol pour comprendre le risque mortel que courait l'institution.

À peu près au même moment, l'Élysée planche sur la création du Fonds stratégique d'investissement (FSI), une structure destinée à offrir des financements stables aux entreprises pour leurs projets de développement. Henri Guaino, le très souverainiste conseiller du président, voit les choses en grand. Pour lui, le FSI doit d'emblée disposer de 100 milliards d'euros. Ce qui fait monter la contribution de la Caisse à 50 milliards, puisqu'elle détient le FSI à parité avec l'État. Augustin de Romanet prend sa plus belle plume pour écrire une lettre au Château quelques heures avant une réunion décisive. Il indique, en substance, qu'il ne peut pas aller au-delà de 20 milliards. La pression est forte. François Pérol, le secrétaire général adjoint de l'Élysée chargé des affaires économiques et financières, brandit la menace de mettre la Caisse hors jeu. Mais ses effets de manches tombent à plat : il faut bien trouver l'argent quelque part. Ce sera donc 20 milliards…

Pour ne pas dire non, il est parfois nécessaire de bien anticiper les situations. En janvier 2009, Augustin de Romanet s'inquiète d'une éventuelle crise des dettes publiques. Il redoute notamment que la Grèce ne soit conduite, à brève échéance, vers le défaut de paiement. Il donne donc des instructions pour que les fonds d'épargne vendent 2 milliards d'euros de dette grecque qu'ils ont en portefeuille. Ce n'est pas vraiment tendance, alors que de nombreux financiers se félicitent du rendement formidable des obligations émises par Athènes au taux de 5 %. Mais, en octobre 2009, c'est la panique. Christine Lagarde interdit aux institutions financières publiques de vendre de la dette grecque pour ne pas ajouter de la panique à la panique. La Caisse doit provisionner le peu qu'elle détient encore à 70 %. Sans la vente des 2 milliards intervenus neuf mois plus tôt, la perte aurait atteint 1,4 milliard d'euros, soit presque les trois quarts de la somme investie dans la recapitalisation de Dexia en septembre 2008. Obéir aux ministres peut donc parfois coûter très cher…

Mais celui qui se devait de dire non pour échapper au soupçon originel attaché à sa nomination, c'est Pierre-René Lemas. Au printemps 2014, il arrive directement de l'Élysée et peut être suspecté de vouloir utiliser le coffre-fort au profit du président. Il ne doit pas attendre longtemps pour s'opposer à l'exécutif. Le Club Med est l'objet d'une bataille boursière entre des Chinois et des Italiens. Bercy le somme de s'en mêler et lui joue le grand air de l'ancrage national. Henri Giscard d'Estaing, le P-DG du Club Med, veut absolument lui parler. Pierre-René Lemas ne le prend même pas au téléphone et refuse de s'en mêler. Il ne voit pas en quoi une bataille boursière relève de l'intérêt général et le dit bien fort afin d'annoncer la couleur en vue des sollicitations à venir. Cette revendication d'indépendance n'a pas contribué à réchauffer les relations avec l'Élysée…

Chapitre 18

La citadelle des contradictions

Qui l'aurait imaginé ? Pierre-René Lemas est un camarade de la promotion Voltaire. Autant dire un frère. Il a aussi été secrétaire général de l'Élysée. Autrement dit le plus proche collaborateur de François Hollande, pendant les deux premières années de son quinquennat. Et pourtant, l'Élysée n'a pas bougé le petit doigt, au printemps 2016, pour aider ce préfet à conserver son poste de directeur général de la CDC jusqu'à la fin de son mandat, qui expire en mai 2019. Il aurait suffi d'un décret signé par le ministre de l'Économie et des Finances pour régler la question.

Le 23 février 2017, en effet, Pierre-René Lemas fête ses 66 ans. Un anniversaire pas comme les autres, puisqu'il marque l'âge de la retraite dans le corps préfectoral auquel il appartient : dans les six mois qui suivent, le directeur général cesse d'être haut fonctionnaire. Ce qui fixe son départ au plus tard en août 2017. Quelle est la norme qui prime entre la durée du mandat de directeur général et l'âge de départ à la retraite dans son corps d'origine ?

Cette question de droit pour élève de l'ENA devient une affaire d'État, ce qui montre à quel point le poste de directeur général de la Caisse est stratégique. N'est-il pas le gardien du coffre-fort, celui qui a, selon le mot d'un ancien titulaire du poste, Robert Lion, « le pouvoir de dire non » ? Dire non à l'Élysée, au pouvoir exécutif, aux grands féodaux des régions qui lorgnent sur le trésor pour financer leurs grands desseins et leurs petits caprices ?

Alors qu'il entame la fin de son mandat, François Hollande, en tout cas, se refuse à débloquer la situation par un décret. Le président de la République ne souhaite pas être accusé de favoriser son ancien collaborateur, en lui accordant presque deux ans de plus à ce poste. C'est donc la commission de surveillance qui s'empare du sujet. Rien d'illogique jusque-là.

Emmanuelli, tireur d'élite

Le 27 avril 2016, donc, les membres de cette instance se réunissent en fin d'après-midi pour une longue séance de travail, comme ils en ont l'habitude un mercredi sur deux. En l'absence de son président Henri Emmanuelli, que des problèmes de santé tiennent éloigné des affaires, c'est le député socialiste Marc Goua qui préside la séance. La députée (LR) Arlette Grosskost, les sénateurs Vincent Delahaye (UDI) et Maurice Vincent (PS) sont également autour de la table. Ils votent à l'unanimité un avis qui défend le maintien de Pierre-René Lemas jusqu'au terme de son mandat. Leur argument massue ? La Caisse a besoin de continuité, et elle n'en a pas connu sous ce quinquennat : Jean-Pierre Jouyet est resté à peine deux ans et, sans leur intervention, Pierre-René Lemas prendra le même chemin. Ce qui intéresse ces parlementaires, ce n'est pas le sort de tel ou tel, mais la gouvernance du paquebot qui leur a été confié.

Le lendemain même de cette réunion, Henri Emmanuelli, président de la commission de surveillance de la Caisse, porte le débat sur la place publique. Il est fou furieux. En son absence, ses collègues ont donc choisi de maintenir Lemas. Il y voit un crime de lèse-majesté inacceptable. Emmanuelli exécute le directeur général dans les colonnes des *Échos* : « En tant que préfet détaché à la Caisse des dépôts, Pierre-René Lemas devrait prendre sa retraite en août 2017. Par la suite, il devrait à mon sens appartenir au président de la République nouvellement élu de désigner un successeur ou de prendre les dispositions nécessaires pour qu'il aille au terme de son mandat. En tant qu'élu et président de la commission de surveillance de la CDC, j'ai du mal à imaginer que le directeur général de la Caisse n'ait pas d'affinités politiques avec le président de la République, dès lors que la Caisse intervient, malgré tout, en appui des politiques publiques de l'État. Par ailleurs, le président de la commission de surveillance est désigné par l'Assemblée nationale. Ce serait un cas de figure particulièrement singulier si on avait un président de la commission de surveillance émanant de la majorité qui ne serait pas en phase avec le directeur général de la CDC[1]. »

Ce coup de pied de l'âne du député des Landes est particulièrement violent. D'un naturel autoritaire, celui-ci supporte mal qu'on ne lui rende pas compte au garde-à-vous. Il n'apprécie pas plus que la commission de surveillance continue à tourner sans lui, et suscite un écho dans

1. *Les Échos*, 28 avril 2016.

Le Canard enchaîné pour railler la « rare élégance » avec laquelle ses petits camarades ont accouché d'un avis dans son dos.

Ces caprices de politicien, en tout cas, rendent la situation impossible. Le 11 mai 2016, lors de la réunion suivante de la commission de surveillance, son président est de nouveau absent. Et l'avis toujours en suspens. Une semaine plus tard, l'ambiance est tendue autour d'Emmanuelli, qui est de retour. Finalement, l'avis est enterré. Et c'est le sénateur (LR) Michel Bouvard, ex-président de la commission, qui tente une opération de la dernière chance pour sauver le soldat Lemas. Il introduit, dans le projet de loi Sapin 2[1], un amendement qui « prolonge jusqu'à son terme le mandat du directeur général de la Caisse des dépôts et consignations, atteint par la limite d'âge ». « Le renouvellement fréquent du directeur général, ces dernières années, est contraire à l'exigence d'une gestion à long terme, donc d'une certaine permanence, plaide ce proche de François Fillon. Il est important qu'au moins le directeur général soit nommé pour cinq ans quelles que soient les circonstances, y compris s'il atteint en cours de mandat l'âge de la retraite. » Dans ce cénacle dominé par la droite, l'idée qu'un homme nommé par François Hollande puisse rester à ce poste stratégique plus de deux ans après une éventuelle alternance est insupportable.

« Je n'ai pas le même sentiment que Michel Bouvard… La nomination surprise de Pierre-René Lemas était liée

1. Projet de loi relatif à la transparence, à la lutte contre la corruption et à la modernisation de la vie économique, discuté devant la commission des finances du Sénat le 22 juin 2016.

au départ de Jean-Pierre Jouyet à l'Élysée ; le candidat ne possédait pas de compétences financières particulières, il avait occupé cinq postes différents en sept ans... Il aurait été sain qu'il dise alors qu'il serait touché par la limite d'âge en cours de mandat, et qu'il nous demanderait une modification. Je ne juge pas urgent de modifier la règle pour un cas particulier », dit ainsi Philippe Dominati, sénateur (LR) de Paris. L'amendement Bouvard est rejeté à la fois par la droite et par la gauche.

Il est vrai qu'en nommant Pierre-René Lemas, l'Élysée a fait preuve d'une incroyable légèreté. Soit personne autour de François Hollande ne s'est aperçu que l'âge du nouveau capitaine allait poser un problème, et une telle incompétence au sommet de la République laisse interdit. Soit cette difficulté était connue, et un si grand mépris pour une institution qui est chargée de prendre soin de l'épargne des Français, qui emploie des dizaines de milliers de personnes et qui, accessoirement, a rapporté plus de 30 milliards d'euros de prélèvements à l'État depuis 2000, n'est pas plus compréhensible.

La vérité, c'est que Jean-Pierre Jouyet piaffait d'impatience. Parce qu'il a été secrétaire d'État aux Affaires européennes de Nicolas Sarkozy, il était difficile de le nommer secrétaire général de l'Élysée dès 2012. Il fallait, en quelque sorte, décontaminer de ses miasmes de droite cet ami intime de François Hollande avant de le faire pénétrer dans le saint des saints. Il est donc nommé directeur général de la Caisse. Un poste qui fait rêver nombre de ses camarades de l'inspection des finances. Mais pas lui. Il fait le job, bien entendu, mais il attend son heure pour pouvoir prendre la place de Pierre-René Lemas, et retrouver le rôle qui lui est naturellement dévolu : celui de « doudou » du président, qui a bien besoin d'un objet transitionnel tant il considère que sa vie de chef d'État n'est « pas facile ». Il s'ennuie tellement, rue de Lille, qu'il trouve même le temps d'écrire un livre sur les années qui ont précédé la Révolution française et la vie des salons au XVIe siècle[1].

L'opération de blanchiment se termine en avril 2014. Jean-Pierre Jouyet échange son poste avec celui de Pierre-René Lemas, qui par ailleurs souhaite quitter son poste à l'Élysée, car la valse d'intrigants comme les relations étranges qu'entretient son patron avec les journalises lui semblent de plus en plus pesantes.

Au moment de le nommer, personne n'a-t-il songé à son âge ? Il semble que l'intéressé lui-même ait posé la question au secrétariat général du gouvernement, lequel a considéré que cela ne posait pas de problème. Mais depuis, l'Élysée a décidé de s'en laver les mains et de ne surtout pas défendre le principe de stabilité à la tête de la Caisse.

Tant de désinvolture donne à penser. Les postes au sommet de la République s'échangent donc plus facilement que les berceaux dans une crèche municipale. Tout cela n'est pas très convenable, surtout venant d'un pouvoir qui a tant fait la leçon par le passé et qui défendait la « République irréprochable » pendant la campagne de 2012.

Au début de cette année-là, justement, Nicolas Sarkozy envisage de nommer le secrétaire général de l'Élysée Xavier Musca comme directeur général de la Caisse des dépôts.

1. Jean-Pierre Jouyet, *Ils ont fait la révolution sans le savoir*, Albin Michel, 2016.

Le mandat du titulaire du poste, Augustin de Romanet, arrive à expiration et personne n'imagine que Sarkozy puisse lui offrir un nouveau bail de cinq ans. « Ce n'est pas opportun, déclare Manuel Valls, alors directeur de la communication de la campagne de François Hollande[1]. On nomme un proche du président de la République à la tête de la Caisse des dépôts. C'est la confirmation d'un pouvoir aux abois qui est en train d'essayer de verrouiller l'appareil d'État à quelques mois des élections. » Le futur Premier ministre assure que ces mœurs de République bananière n'auront plus cours si son candidat est élu : « François Hollande aura une autre vision de ce qu'est aujourd'hui l'indépendance et l'impartialité de l'État. »

On a vu ce qu'il est advenu : deux copains de la promotion Voltaire nommés en cinq ans, voilà une illustration édifiante de l'impartialité de l'État, chère à Manuel Valls. Mais celui-ci ignore sûrement, alors, combien la CDC est le réceptacle de toutes les contradictions de la classe dirigeante.

Un État dans l'État

La Caisse des dépôts, en effet, est un paradoxe institutionnel. Elle a été créée pour mettre l'épargne des Français à l'abri des convoitises de l'exécutif. Dans ce cas, il est logique que la nomination de son directeur général n'obéisse pas au *spoil system*. À quoi bon clamer qu'une institution est indépendante s'il faut que son patron soit un ami du régime ? En même temps, elle est

1. Au micro de RTL, le 28 décembre 2012.

le « bras armé de l'État » sur quantité de dossiers financiers. Comment, alors, jouer son rôle, si elle est dirigée par un homme, ou une femme – ce qui ne s'est jusqu'alors jamais produit –, qui ne partage pas les options politiques et économiques du gouvernement en place ?

Ce n'est pas la moindre des ambiguïtés de cet édifice public, tiraillé depuis des années entre maintes contradictions. La Caisse est un État dans l'État, c'est même pour cela qu'elle a été inventée : pour demeurer une citadelle imprenable. Mais elle doit aussi jouer son rôle d'accompagnement des grands chantiers du moment. Comme protectrice de l'épargne des Français, elle est priée de gérer l'argent qui lui est confié en bonne mère de famille, mais sa mission est aussi de transformer de l'épargne courte en crédits longs, afin de contribuer au financement des grandes infrastructures du pays. Autonome, elle doit résister aux pressions de l'exécutif, mais elle est bien utile quand il s'agit de « dépanner » un État de plus en plus impécunieux. C'est le cas quand elle accepte de faire du portage pour le compte de l'Acoss (Agence centrale des organismes de sécurité sociale), qui « héberge » la dette de la Sécu. C'est vrai quand elle finance la Cité du cinéma qui, comme le reconnaît le directeur général de l'époque, n'est pas dans sa « matrice ». C'est encore vrai lorsqu'elle consent à financer les fondations des amis de la majorité en place. Est-ce là son rôle ? À l'évidence non. Mais comment s'opposer, en permanence, à un État de plus en plus désargenté ? Doit-elle, pour son compte propre ou à travers la BPI, faire fructifier au maximum l'argent qui lui est confié ou au contraire faire preuve d'audace, voire d'abnégation, en soutenant des entreprises tricolores qui connaissent des difficultés ?

Jusque dans les moindres détails, les contradictions surgissent. Le directeur général est tout-puissant pendant les cinq années de son mandat, mais il doit composer avec les barons des différentes directions, qui étaient là avant lui et le resteront après. Certains mènent la vie dure au nouveau patron, qui doit évoluer dans un environnement hostile et éviter les peaux de banane. Compliqué quand on doit investir pour l'avenir et accompagner les mutations économiques.

La Caisse remplit des missions d'intérêt général, mais se comporte aussi en investisseur capitaliste. Ses responsables se souviennent par intermittence qu'ils gèrent l'épargne des Français, constituée à force de petites économies ou de grands sacrifices, mais ils se montrent parfois plus que désinvoltes sur leur propre train de vie, comme au temps de la monarchie. L'institution fait preuve de modération salariale quand elle embauche un analyste financier qui pourrait sûrement gagner plus dans le secteur privé, mais elle lâche la bride sur le système des primes et, surtout, accepte de voir certains dirigeants se conduire comme si l'abolition des privilèges n'avait jamais eu lieu. Elle emploie des dizaines de personnes dans son service de communication, publie des plaquettes à tour de bras, mais se refuse à donner des informations telles que la composition de son patrimoine immobilier locatif situé dans les beaux quartiers. Que redoutent ses dirigeants pour se livrer, toutes tendances politiques confondues, à de telles dissimulations ?

En vérité, la Caisse se veut indépendante mais elle est traversée de mille dépendances. À l'air du temps, qui n'est plus celui des grands commis de l'État, mais des carriéristes qui bâtissent leur parcours entre le prestige du secteur public et l'attrait financier du secteur privé. À la convoitise d'un État en déliquescence financière, qui veut utiliser ce coffre-fort pour boucler ses fins de mois, pour réaliser ses rêves de grandeur ou pour complaire aux amis du régime. Aux exigences du capitalisme, qui impose de faire preuve d'agilité financière pour rester dans la course. À la volatilité, aussi, de ses directeurs généraux, qui durent à peine le temps d'un mandat. Tout cela à cause d'un péché d'orgueil…

Conclusion

« En 1966, le général de Gaulle fêtait le 150e anniversaire et il avait eu cette formule : “La Caisse des dépôts, source capitale de progrès.” En 1991, pour le 175e anniversaire, François Mitterrand est là. Il se demande qui va venir dans vingt-cinq ans – vous avez la réponse – et il résume la Caisse en trois principes : le plus grand volume d’épargne sur le plus long terme pour le plus grand nombre. En 2006, c’est Jacques Chirac pour le 190e anniversaire qui saluait l’avantage décisif de la Caisse des dépôts par rapport aux responsables politiques : la stabilité. En effet, depuis deux siècles, la France a connu plusieurs révolutions, deux empires, quatre républiques, mais la Caisse des dépôts et des consignations, elle, est toujours là. Impassible, impavide face à l’usure du temps. Si elle a su durer, c’est parce qu’elle a été capable de toujours se renouveler et de faire en sorte qu’à chaque grande étape qu’avait à franchir notre pays, la Caisse des dépôts a toujours été présente. » Ainsi s’exprime François Hollande sur l’estrade du Grand Palais le 12 janvier 2016, devant 6 000 collaborateurs de la Caisse, mais aussi Manuel Valls, Ségolène Royal, Michel Sapin et, bien évidemment, Pierre-René Lemas.

Le problème, c'est qu'on imagine mal le général de Gaulle introduit sur scène par… Charlie Clarck. Charlie qui ? Il s'agit d'un animateur de télévision connu notamment pour son *JT des arnaques*. François Hollande, lui, accepte avec bonhomie de serrer la main de ce personnage dont il est difficile de concevoir qu'il puisse incarner l'intérêt général, mais qui a pourtant été embauché par la direction de la Caisse pour orchestrer cette journée anniversaire.

Est-ce un message subliminal, une manière d'affirmer que la CDC sait vivre avec son temps ? Assurément, son image n'y a pas gagné en majesté, puisque la prestation de l'excellent Charlie Clarck a inspiré une séquence désopilante dans *Le Petit Journal* de Yann Barthès[1].

Cette maladresse n'est pas anodine. Plutôt que de consacrer du temps et de l'énergie à « faire moderne », l'institution a tout intérêt à se recentrer sur ses missions premières. Elle bénéficie de ressources captives, que ce soient les dépôts de certaines professions réglementées ou la collecte du livret A et d'autres produits d'épargne dont elle reçoit la plus grande part, avec pour mandat d'en faire le meilleur usage. Cette situation l'oblige. Pourquoi, sinon, ne pas permettre aux banques, par exemple – qui le réclament depuis très longtemps –, de remplir les mêmes fonctions qu'elle ? Simplement parce que la Caisse est l'héritière d'une histoire et de valeurs, qui ont pour point commun l'intérêt général. À titre subsidiaire, la CDC se doit de bien gérer l'argent qui lui est confié, car c'est celui des Français. Des projets innovants et de long terme ; de la rigueur dans la gestion. Ce sont

1. Le 13 janvier 2016.

les deux objectifs de bon sens qui ne devraient cesser d'animer ceux qui la dirigent.

Une telle attitude nécessite, bien entendu, une certaine dose d'abnégation. C'est exactement ce que les Français sont en droit d'attendre des hauts fonctionnaires qui pilotent l'institution.

Dans un pays en crise, tout le monde lorgne sur le coffre-fort de la République, convaincu que ses ressources sont inépuisables. C'est un jeu dangereux. Ce n'est pas parce qu'elle a traversé les soubresauts de l'histoire que la Caisse des dépôts est éternelle. Ceux qui en ont les clés devraient se souvenir à chaque instant qu'elle représente un des derniers bastions de l'intérêt général. Il n'y en a plus beaucoup d'autres.

Table

MACRON 56 MADELIN 208 MAGNY-COURS 59

MARCEL 27-160

MESSIER 115

MIGNARD 65

LE MONDE 182

NAÏVE 53

NYS 179

PIGASSE 117

PROGLIO 54

J.P. ROUX 175
ROYAL 231 201

SNCM 103

TERRA NOVA 65

VALLETOUX 176

RÉALISATION : PAO ÉDITIONS DU SEUIL
IMPRESSION : CPI FRANCE
DÉPÔT LÉGAL : JANVIER 2017. N° 124423 (138629)
Imprimé en France